新时期中国产业与贸易政策协同发展研究

XINSHIQI ZHONGGUO CHANYE YU
MAOYI ZHENGCE XIETONG FAZHAN YANJIU

李杰 等◎编著

暨南大学出版社
JINAN UNIVERSITY PRESS

中国·广州

图书在版编目（CIP）数据

新时期中国产业与贸易政策协同发展研究/李杰等编著 . —广州：暨南大学出版社，2019.6

ISBN 978 – 7 – 5668 – 2663 – 3

Ⅰ. ①新…　Ⅱ. ①李…　Ⅲ. ①贸易政策—关系—产业发展—研究—中国　Ⅳ. ①F124 ②F720

中国版本图书馆 CIP 数据核字（2019）第 113822 号

新时期中国产业与贸易政策协同发展研究

XINSHIQI ZHONGGUO CHANYE YU MAOYI ZHENGCE XIETONG FAZHAN YANJIU

编著者：李杰　等

出 版 人：徐义雄
策　　划：徐义雄
责任编辑：雷晓琪
责任校对：梁念慈
责任印制：汤慧君　周一丹

出版发行：暨南大学出版社（510630）
电　　话：总编室（8620）85221601
　　　　　营销部（8620）85225284　85228291　85228292（邮购）
传　　真：（8620）85221583（办公室）　85223774（营销部）
网　　址：http://www.jnupress.com
排　　版：广州市天河星辰文化发展部照排中心
印　　刷：佛山市浩文彩色印刷有限公司
开　　本：787mm×1092mm　1/16
印　　张：9
字　　数：220 千
版　　次：2019 年 6 月第 1 版
印　　次：2019 年 6 月第 1 次
定　　价：35.00 元

前　言

　　本书是在国内产业转型升级和国际"逆全球化"大背景下开展的实现中国产业与贸易政策协同发展的必要性和可行性研究，由我提供相关素材和拟定写作思路，由孟于超、梁烷钧、吴杭韦、赵姣龙、周飞言和宋朝明六位同学承担主要的撰写工作，最后由我统稿、定稿。本书的结构和内容安排如下：

　　第一章为新时期中国产业与贸易政策协同发展的挑战和创新需求分析，由孟于超撰写。本章分四个小节进行阐述：第一节在梳理中国产业与贸易政策协同发展历程的基础上，总结中国产业与贸易政策协同发展取得的成就，与此同时，结合国内供需不匹配以及国际贸易摩擦等问题分析新时期中国产业与贸易政策协同发展存在的问题。第二节结合当前国内主要矛盾变化、供需结构不匹配、产业亟待转型等问题，从产能过剩、创新不足以及产权保护欠缺等角度出发分析产业转型升级对中国产业与贸易政策提出的挑战。第三节结合当前我国面临的"逆全球化"冲击，通过中间品进出口、产能输出以及吸引外资等方面分析"逆全球化"对产业与贸易政策带来的冲击。第四节重点分析了产业政策和贸易政策之间的作用机制，在此基础上从保持中国经济平稳健康发展以及深化体制改革和宏观审慎政策等思想出发进行中国产业与贸易政策协同发展的创新点分析。

　　第二章为国内产业转型升级诉求下产业与贸易政策协同发展的需求分析，由梁烷钧撰写。本章分四个小节进行阐述：第一节重点分析了新时期国内产业转型升级的现状，识别了在新时期中国产业转型升级下经济平稳健康发展的三大主要障碍，分别为产能过剩、产业发展方式以粗放型为主、产业价值链仍处于中低端；第二节先从产业与贸易政策的角度梳理了当前产能过剩形成的主要原因，并通过对日本、德国的案例进行总结，分析了我国去产能诉求下产业与贸易政策的协同发展需求；第三节先从产业与贸易政策的角度梳理当前粗放型产业发展方式形成的主要原因，并通过对美国、日本的案例进行总结，分析了我国产业发展方式转变诉求下产业与贸易政策的协同发展需求；第四节先从产业与贸易政策的角度梳理当前产业价值链仍处于中低端的主要原因，并通过对日本、韩国的案例进行总结，分析了我国价值链提升诉求下产业与贸易政策的协同发展需求。

　　第三章为"逆全球化"冲击下我国产业与贸易政策协同发展的需求分析，由吴杭韦撰写。本章分三个小节进行阐述：第一节从产业部门和贸易部门层面分析"逆全球化"冲击给我国产业部门和贸易部门及其二者协同所带来的严峻挑战，并梳理我国为应对"逆全球化"冲击所实施的产业政策和贸易政策，指出当前我国产业政策和贸易政策协同的必要性。第二节从产业部门和贸易部门层面出发，总结各国不同特征下的产业与贸易政策给世界经济所带来的挑战——首先，归纳当前不同国家所实施的产业政策和贸易政策的特征，总结出这两类政策之间的相似和不同之处，并指出这两类政策如何助长"逆全球化"危机；其次，在梳理完上述不同国家的政策现状后，总结了不同国家带有"逆全球化"色彩的政策给世界经济稳定发展带来的主要障碍，并指出各国产业政策和贸易政策协同的必要性。第三节分析了"逆全球化"冲击下我国产业政策与贸易政策协同存在的缺陷，并为我国产业政策和贸易政策的协同提出建议和意见：首先，梳理了我国在"逆全球化"冲击下产业政策和贸易政策的协同问题；其次，总结美国和日本在产业政策和贸易政策协同的成功经验；最后，在我国实施"供给侧改革"的产业政策和"一带一路"的贸易政策背景下，结合"逆全球化"冲击对世界经济的影响，提出产业政策和贸易政策协同发展的建议，供政府参考。

第四章为新时期中国产业与贸易政策协同发展需求典型案例分析，由赵姣龙撰写。本章由四个小节组成：第一节是以钢铁产业为例，首先在国内转型升级和"逆全球化"背景下分析钢铁产能过剩的原因，同时结合"逆全球化"浪潮给钢铁产业去产能带来的冲击和影响，分析我国现阶段钢铁产业政策与贸易政策存在的不足，针对钢铁产业去产能诉求提出我国产业与贸易政策协同发展的需求；第二节以纺织服装产业为例，首先以国内环境污染现状分析该产业转型升级的必要性，其次通过梳理现阶段该产业转变发展方式的困境及相关产业政策和贸易政策存在的不足，针对纺织服装产业发展方式转变诉求提出产业与贸易政策协同发展的需求；第三节以信息通信产业为例，通过分析信息通信产业中企业面临的"逆全球化"冲击，梳理现阶段信息通信产业企业发展面临的困境，针对信息通信产业迈向产业价值链中高端这一目标，提出我国产业与贸易政策协同发展的需求；第四节以自贸区为例，把自贸区作为我国对外经贸发展的一种贸易政策，分析自贸区的建设对产业转型升级的作用机理，并针对现阶段我国自贸区内制定的相关产业与贸易政策存在的问题，为自贸区今后更好发展和外贸稳定性提出我国产业与贸易政策协同发展的需求。

第五章为新时期中国产业与贸易政策协同发展机制设计基础，由周飞言撰写。本章旨在厘清中国产业和贸易政策制定与实施过程中政府部门间的冲突与合作，从五个方面展开阐述，内容如下：第一节从应对国内转型升级需求压力和国际"逆全球化"冲击两方面进行考量，识别出符合我国现阶段经济发展需求的重点产业；第二节重点分析国际产业与贸易政策变化对国内重点产业发展的影响；第三节梳理中央政府与地方政府间政策执行机制、地方政府间政策制定的竞争关系，分析产业与贸易政策协同发展过程中，中央与地方政府间的利益冲突；第四节厘清中央产业管理部门与贸易管理部门的权责设计，分析当前产业与贸易政策制定过程中的部际冲突；第五节阐述了将大数据技术应用于政府决策的意义，再从产业与贸易政策制定与执行的角度具体分析政策协同发展对大数据技术提出的现实需求。

第六章为新时期中国产业与贸易政策协同发展机制实施路径，由宋朝明撰写。本章从四个方面展开研究：第一节从中央政府与地方政府之间关系入手，研究加强中央和地方政策的协调联动和管理配合的方法；第二节从产业与贸易管理部门关系入手，探索加强产业与贸易管理部门之间协作的手段；第三节依托大数据技术的发展，研究充分发挥大数据技术对政府决策、政策协同和政府治理产生促进作用的措施；第四节阐述新时期农业、制造业与服务业应对世界各国产业与贸易政策变化的措施。

本书的出版得到了暨南大学广州市现代产业新体系研究基地以及暨南大学校级人文社科重点平台产业组织与规制研究所的资助。

李杰

2019 年 1 月

CONTENTS 目录

第一章 新时期中国产业与贸易政策协同发展的挑战和创新需求[①]

本章通过研究新时期我国面临的国内外环境变化，分析新时期中国产业与贸易政策协同发展的挑战与创新需求。本章主要通过四个方面展开论述：第一节对我国当前所面临的国内供需结构不匹配、国际"逆全球化"冲击现象以及影响展开论述，在此基础上提出我国产业与贸易政策协同发展的经验以及不足之处，为我国顺应当前的国内外环境，厘清产业与贸易政策协同发展机制提供历史借鉴；第二节从国内视角出发，深入分析我国国内供需不匹配产生的原因以及供需的结构性问题对我国经济平稳健康发展造成的负面影响，在此基础上，引入新时期我国实行"供给侧"改革，实现产业转型升级的新理念，进而阐述产业转型升级对我国产业政策以及贸易政策提出的诉求；第三节从国际视角出发，研究分析当前国际"逆全球化"现象形成的内在机理以及危害，并根据"逆全球化"冲击造成的影响，阐述"逆全球化"冲击对我国产业政策与贸易政策提出的挑战；第四节从产业政策和贸易政策之间互相作用的机制出发，对产业与贸易政策协同发展机制的创新点进行分析，进而提出我国产业与贸易政策协同发展的思想与体系的创新需求。

第一节 新时期中国产业与贸易政策协同发展的现状

在一国经济发展的过程中，产业政策和贸易政策起着至关重要的作用，它们分别从两个不同的方面对国家经济发展产生影响。产业政策的作用对象是产业，国家通过制定相关的产业政策来干预产业形成、实现产业转型升级并优化产业配置，产业政策的顺利实现依赖先进的技术水平以及高端技术的创新能力。与其他政策链、支持社会以及环境的目标协调一致，产业政策推行具有系统性，政府主体往往通过"一揽子"政策促进产业的发展。贸易政策作用的对象即为对外贸易活动，主要解决开放程度的问题。通过贸易政策可以调节一个国家的开放程度，决定国家发展的贸易程度是全面开放还是部分保护。决定是否进行一定程度的贸易保护是由一个国家的产业发展水平所决定的。国家往往会对一些幼稚产业予以保护，以免国外产品对其造成冲击。无论从理论还是从实践经验来看，产业政策和贸易政策在我国的经济发展历程中都起到了重大作用。

21 世纪以来，国内外经济政治形势发生重大变化，这种变化已经对我国的经济平稳发展带来了重大的冲击。当前，我国国内经济发展面临的重大难题是国内社会主要矛盾所

[①] 本章由暨南大学产业经济研究院孟于超执笔。本书中"新时期"是指 21 世纪以来面临的国内产业结构转型升级和国际"逆全球化"的大背景，而非 1978 年党的十一届三中全会后。

发生的巨大变化，即有效供给不足导致供需矛盾凸显、原有的产业结构存在产能过剩、发展方式以粗放型为主、价值链低端化等问题。同时，由于国际"逆全球化"思潮和保护主义倾向抬头，导致贸易摩擦不断加深，影响了我国对外贸易活动的进一步开展，阻碍了我国进一步扩大对外开放，构建贸易开放新格局的脚步。这对我国经济平稳健康发展造成了严重的影响。

当前，保持经济平稳健康发展已然成为我国经济工作中的重点。2018 年 7 月 31 日，中央政治局年中工作会议指出："当前经济运行稳中有变，面临一些新问题新挑战，外部环境发生明显变化。要抓住主要矛盾，采取针对性强的措施加以解决。要坚持稳中求进的工作总基调，保持经济运行在合理区间。"如何在新的国内外环境中厘清并完善新时期中国产业与贸易政策协同发展机制，形成政策合力，保持经济平稳健康发展，成为当前经济发展的重要课题。为了保持经济社会大局稳定，应对国内主要矛盾的变化以及国际"逆全球化"现象的冲击，在对内政策方面，我国需要在国内深入推进供给侧结构性改革，解决当前的国内主要矛盾，即供需结构不匹配的问题。在对外政策方面，我国需要进一步扩大对外开放，构建贸易开放新格局。同时，加强产业与贸易政策统筹协调，针对我国面临的产业转型以及贸易发展的困境，精准施策，恰当组合产业与贸易政策，实现我国经济平稳健康发展。

产业政策与贸易政策协同发展的议题由来已久，党的十八大报告就已经做出了产业和贸易政策协调发展的重要批示。在党的十八大会议中，胡锦涛主席要求进一步强化贸易政策和产业政策协调发展，同时在对外贸易方面既要考虑到出口也要考虑到进口因素。当前，我国的经济发展离不开产业与贸易政策的协同发展，构建我国产业与贸易政策协同发展机制被正式提上了党和政府的工作日程。习近平总书记在党的十九大报告上强调要以国际最高水准为目标，提高我国产业的国际价值链水平，十九大精神指明了我国产业与贸易政策发展的新方向。李克强总理在 2018 年《政府工作报告》中同样指出，要进一步扩大对外开放，既要进口，为消费者提供不同的消费选择，又要进一步扩大出口，将中国产品打入国际市场，同时要注意保持产业和贸易的平衡发展。我国需要尽快提升产品价值链，提高我国出口产品的核心竞争力，增加产品的附加值。同时，我们也要加大服务贸易的发展力度，推动对外贸易平衡发展。

结合当前复杂的国内外形势以及党的重要指示，我们将从产业政策与贸易政策协同发展的历史经验和教训出发，结合国内产业转型的诉求和国际"逆全球化"的背景展开深入分析，并总结产业政策与贸易政策协同发展的创新需求。因此，我国过去四十年产业政策和贸易政策实施的成功经验和失败教训具有重要的借鉴意义。本部分将对我国产业政策和贸易政策实施的经验与教训进行总结。

一、新时期我国产业与贸易政策协同发展的经验

改革开放四十年来，我国成功实现了经济体制的改变，从中华人民共和国成立初期高度集中的计划经济转变为社会主义市场经济。在过渡过程中，我国产业政策的制定与实施，成功地指导并实现了我国产业发展、结构调整与升级。在产业发展的过程中，我国通

过制定产业政策逐步明晰了对第一产业、第二产业以及第三产业的界定标准。此外，在产业发展的浪潮中，政府对产业政策不断进行优化调整和改进，促进了我国产业结构的逐步成型。在不同时期的国民经济与社会发展五年规划中，产业政策的优化与调整充分反映出了我国政策制定能力的提升。我国根据不同阶段面临的国内外形势，充分考虑各种经济发展因素，合理地制定与实施产业政策。因此，我国在各个时期制定的产业政策成功地指导并实现了三次产业的发展、产业结构调整与价值链水平的提升，提高了我国出口产品的附加值，加强了我国产品在国际市场上的竞争力。

与此同时，我国根据自身产业发展现状与国际形势的变化，不断调整与完善贸易政策体系。目前，我国的贸易政策体系主要以《中华人民共和国对外贸易法》和《中华人民共和国外资企业法》为基础。以《中华人民共和国对外贸易法》为贸易体系，扩大对外开放，使得我国在加入世界贸易组织后进一步融入国际贸易市场，在全球化的浪潮中获益匪浅。产业政策与贸易政策两种政策的协同实施成功指导了我国的对外贸易活动，使中国成为一个举世瞩目的贸易大国，为中国经济平稳及健康发展做出了重大贡献。自从我国加入世界贸易组织后，产业政策和贸易政策协调发展体系逐步成熟。我国为了实现相关部门之间的协调以及贸易政策和产业政策之间的协调，实施以质取胜战略、科技兴贸战略、大经贸战略。实施以质取胜战略目的是保证出口产业的产品质量。实施科技兴贸战略目的是为了协调贸易与科技、产业政策之间的关系，同时建立一系列的创新科研基地来推动科技兴贸战略的实现。通过这些战略措施指明我国对外贸易的发展方向，并提升我国的产业层次。最后，大经贸战略强调了对外贸易与国内流通产业的协调等。

通过产业与贸易政策的协同发展以及配套政策的实施，我国各大部门进行的对外贸易活动不仅没有让国内产业受到国外产业的过度冲击，反而使其在开放过程中通过自身的努力，逐渐适应了市场开放的环境。我国根据国际市场的需求，充分调整了自身产业结构以及产品水平，助推了相关产业加快调整与升级，实现我国产业链的升级。

二、新时期我国产业与贸易政策协同发展的不足

我国产业与贸易政策的协同执行目前虽然取得了世界范围内公认的成就，但是也存在一些突出的问题。产业与贸易政策存在的问题主要有以下几点：

（1）如何协调扩大对外开放与适度保护幼稚产业的发展存在冲突。在我国加入世界贸易组织之后，我国的经济发展得以迈上一个新的高度，综合国力和国际竞争力得到大幅提升。同时，根据 WTO 协定的要求以及国际上对中国的期望，我国需要对贸易政策进行调整，扩大对外开放。然而，我国部分产业处于初创时期，这部分产业属于幼稚产业。尽管我国的大多数产业已经足够强大，可以参与国际贸易活动，但幼稚产业依然经不起国际竞争。我国需要对这样的幼稚产业采取适当的保护政策。例如，为了保护国内汽车行业的发展，中国一直对国外进口汽车征收较高的税率，而国际上要求中国实施低关税（例如，美国要求中国实施 2.5% 的汽车进口关税）。在国际上同样也存在一国对幼稚产业进行政策上的保护的案例。1983 年，为了保护美国生产的哈雷摩托，美国总统里根对日本进口摩托车征收 45% 的重税，直到 1987 年哈雷重新盈利才请求政府取消重税。然而，随着国际形

势的不断变化，我国不能一味地对国内的幼稚产业进行保护，而是需要找到一个平衡点，使既能保护幼稚产业的发展又能与国际贸易规则接轨。当前我国应当按照国际上的要求进一步扩大对外开放，但同时应当注意产业政策与贸易政策之间的协同发展，在确保我国新兴产业的发展不受影响的同时，进一步扩大对外开放。

（2）在产业政策的扶持下，某些出口行业在国际市场上以获得低成本的方式快速扩张，引发了国际上一系列反倾销和反补贴活动。近年来，我国的一些劳动密集型产业在国内产业政策的支持下，在国际贸易活动中获得了巨大的收益。然而这些产业的贸易竞争手段往往是价格竞争，即通过低廉的出口价格，在国际市场上实现快速扩张，获取市场份额。然而，这种通过低廉的价格获得竞争优势的方式，遭到了发达国家的反倾销诉讼。近年来，我国遭遇的反倾销和反补贴等形式的贸易摩擦愈加频繁。例如，中国的钢铁制造产业出口遭到美国的限制，征收高关税，并且对此进行"双反"调查；新能源产业中的太阳能光伏、光热发电产品出口面临欧美国家"双反"调查，等等。这些问题产生的原因主要在于产业发展不均衡，出口产品多集中于一些低端技术行业以及产业与贸易政策之间的不协同。在这方面，日本应对国际贸易摩擦的经验值得借鉴。资源匮乏使日本的对外贸易以加工贸易为主，为了缓解贸易摩擦，日本采取合理的产业政策，与其他国家之间形成"水平分工为主，垂直分工为辅"的产业格局，缩小贸易盈余，缓解贸易摩擦。

（3）缺乏科学性的产业政策，导致我国部分产业在向东南亚转移的过程中造成了一定程度的挤出效应。由于我国并未完善产业政策的相关配套政策，因此，在"走出去"战略的实施过程中，反而对本国产业造成了一定程度上的挤出效应，导致对外直接投资的效果大打折扣，我国部分出口产业遭到了较大的负面影响。例如，我国为了获取较低的劳动成本，将大量服装加工企业转移到了东南亚地区。然而由于产业政策制定不到位，这一举措严重冲击了我国本地服装企业的发展，引发就业问题。相比国外产业转移的经验，可以发现日本、韩国将产业转移的具体目标和操作计划制定得非常细致，成功地将国内产业布局延伸到了海外。我们还可以根据产品的生命周期来决定是否进行产业转移，例如可以向国外转移夕阳产业，进而在国内留下发展新型产业的空间。另外，我们可以效仿日本和韩国等国家的做法，考虑产品污染耗能等因素，进行海外产业转移。

（4）我国制定、管理贸易政策的相关机构与产业政策的管理机构之间存在矛盾冲突。中国政府主要是通过国家发展改革委员会、财政部、中国人民银行等机构来控制产业政策的实施，同时还由科技部主要负责制定高技术产业政策，国家环保总局负责相关的环保产业政策制定，农业部主要负责制定农业产业政策。另外，我国还有一些机构协助制定管理产业政策，例如知识产权局等。对贸易政策进行制定管理的部门主要有进出口银行等部门，其中商务部是执行贸易政策管理的主体。由于我国的贸易政策主要以贸易活动为政策实施的对象，而商务部在参与贸易政策的制定过程中，并没有途径了解到产业发展的全部信息，只能通过一些调查措施来介入产业领域，真正执行产业政策制定的仍然是上述产业管理机构。这就造成产业与贸易政策之间的摩擦与不协调。故在我国贸易政策与产业政策的协调过程中必须要面对政府机构之间互相协调的体制性问题。从政策的具体实施层面分析，为了避免中国贸易政策与产业政策共同施策时遇到的政策冲突问题，我们国家主要通过制定贸易政策的部门和制定产业政策的部门互相合作，共同发布产业与贸易政策。然而，当前我国负责产业与贸易政策制定和协调的有关部门都在国务院的领导和管辖下，不具有上下级的关系，彼此之间没有任何辖制。在此情况下，如果各部门都由本部门的利益出发，那么就会引起产业与贸易政策之间的不协同。进而大大地影响政策的实施效果。因此多个部门之间的互相合作、政策的出台时间和制定效率等，都会直接影响贸易政策与产业政策的协调发展。

（5）政策制定者与政策接受者之间存在信息不对称的问题。政策制定者很多时候并不能很好地了解到产业和贸易发展的实际情况。与现实情况的脱节会使得贸易政策与产业政策在形成的过程中难以切实考虑现实因素。政策的制定往往首先由某个部门或机构起草一条法律，然后向相关的机构、专家学者以及受影响的一些公司企业进行咨询，然而他们的意见的影响程度并不能得到保证。缺乏政策间的协调性就有可能导致政府与产业间的联系不够紧密，影响政策之间的协调性以及政策与实践的一致性，并最终会影响国家宏观政策的有效性。

（6）国际形势的变化使得我国产业政策与贸易政策的协同性发生改变。近年来，我国与美国等国家之间出现了多个制度性的贸易摩擦案例。一些国家出于对自身利益的考虑以及作为与我国谈判的重要策略，贸易摩擦不可避免。在此背景下，过去的产业和贸易政策已经不适用于现在的国际环境。与国际贸易规则不一致的产业政策和贸易政策会导致我国遭受更多的国际贸易摩擦，进而影响我国出口企业在出口市场上的盈利能力。因此，我们需要通过找到产业政策和贸易政策新的协同点，以应对国际上日益增加的贸易摩擦事件。

第二节 产业转型升级对中国产业与贸易政策的影响

改革开放以来，中国的国民经济增长取得了辉煌的成就，成为世界上第二大经济体。自从 2001 年以来，中国产业供需不匹配程度日益加深，供给侧结构问题成为我国经济平稳发展必须攻克的一大难点。当前，我国供给侧结构主要问题为：中低端产能严重过剩，而位于高端价值链的产品由于技术等条件不成熟，呈现出供给不足的现象，产业发展存在技术短板。由于核心技术的缺失，我国供给体系与需求结构不完全匹配，有效供给不足的问题日益凸显。在此背景下，产业转型升级成为解决供给侧结构问题的一剂良方。通过产业转型淘汰落后产能，发展以高端技术为支撑的新兴产业，可以有效解决我国目前的供需矛盾。然而，要想保持我国经济平稳健康发展，打赢"三大攻坚战"，推动我国的供给侧结构性改革，加快建设现代化经济体系，推动高质量发展，离不开合理的产业与贸易政策的支持协调。在党的十九大报告中，习近平总书记指出新时期我国产业政策要以国际水平为目标，进行传统产业优化升级，促进我国产业向全球价值链的中高端发展。这一目标可以通过加大研发投入、培育若干世界级先进制造业集群为产业转型提供技术支持等途径实现。李克强总理也针对中国制造业价值链低端的问题提出了"中国制造 2025"战略，旨在通过该战略实现制造业转型升级，促进我国产业的全球价值链地位提升。在实现产业转型升级的过程中，产业政策和贸易政策这两种政策工具显得尤为重要。

尽管加快国内产业转型升级已然成为社会共识，但是转型升级是一个长期缓慢的过程。发展中国家推动产业转型升级面临着多方面的挑战与竞争，包括发展中国家自身的技术创新、制度创新、劳动力素质等方面的挑战。

（1）企业体制机制的漏洞。良好的企业管理模式和企业制度能够提升企业的创新能力。因此在推动产业转型的时候，首先需要创新企业管理模式和完善企业制度，为实现产品创新、工艺创新和品牌营销创新提供保障。然而新兴经济体传统体制机制改革滞后，在企业改革方面略显不足。现代商业模式使得企业与消费者之间具有更加紧密的互动关系，企业需要根据消费者需求进行适时的调整。商业模式的进步要求企业能够迅速对全球市场的变化做出反应。因此，企业需要通过管理体制的创新提升研发、生产和营销等环节的管理效能，提高学习的能力和效率。这就对新兴经济体国家的政府经济管理体制创新提出了更高的要求，以实现高技术企业管理变革。在全球范围内迅速发生的新一轮产业科技革命中，发达国家比发展中国家具有更强大的优势。在过去的几十年发展中，发达经济体国家由于体制的优势以及大量资金的投入使得他们拥有雄厚的知识创新能力。与发展中国家相比，发达国家具有更强的基础能力实现管理、商业模式等创新。发展中国家由于基础能力不足，企业管理能力不强以及体制不完善等问题，难以适应新产业科技革命带来的挑战。

（2）我国技术创新体系不完善与创新能力不足。知识和技术在新一轮的技术革命中占据重要作用。然而，发达国家在新产品开发和品牌创新方面的基础能力与研发投入依然领先于发展中国家。这直接导致我国在全球竞争优势的尖端技术与核心技术不足。当前，我国取得的有效专利数量尚未达到全球专利总量的2%。其中，重大创新的专利主要由外资企业获得，由此可见，我国的创新能力依然不足。一直以来，我国政府对应用研究进行了大量的投入，然而在理论和技术研究领域则投入不足。企业、高校和科研机构之间缺乏积极有效的合作机制。通过高校和科研机构研究得到的技术成果难以通过供给渠道到达企业。传播渠道的缺陷使得科研成果难以有效投放到产业转型升级上。

（3）我国处于低端产业价值链地位。为了实现经济快速发展，我国企业将重点放在短期的效益上，而非长期效益。我国较少进行能够获取高附加值的重大创新，例如技术创新、产品设计和品牌营销，且对于重大创新的参与和研发缺乏积极性和主动性，这直接导致了我国处于低端价值链的现状。很多企业的经营者倾向通过技术引进，而不是自主创新实现技术上的创新。长期通过技术引进来实现产品层面的创新，其结果将导致企业的自主创新能力无法得到有效提高，产品总是位于全球价值链的低端环节。由于产业偏向于粗放型，在我国工业生产和能源消费结构中产生的各种环境污染对我国的生态环境造成了恶劣影响，环境问题既引起可持续发展的进行，同时影响企业的盈利能力，难以全面融入全球产业链。因此，在产业转型的国内背景下，产业政策和贸易政策受到挑战。

一、产业转型升级对中国产业政策提出的诉求

在多年的经济发展过程中，过去的高速增长阶段暴露出经济发展的种种问题，需要通过经济转型进行解决。产业转型升级、优化经济结构、改变增长动力是我国当前所面临的重大难题，建设现代化经济体系是跨越关口的迫切要求和我国发展的战略目标。然而，产业转型的顺利实现依赖配套产业政策的实施。合理的产业政策可以为提高企业的创新能力进而为产业转型提供原动力。此外，合理的产业政策也可以保证优化产业结构、优化资源

配置目标的顺利进行。在我国产业转型过程中，相关产业政策的制定应当以我国当前的供需矛盾为基本点，紧紧围绕供给侧结构问题，解决中低端产能过剩以及核心技术缺失等问题。

中低端产能过剩问题往往是政府给予过多的优惠以及退出机制不完善等产业政策的缺位所导致，因此，如何解决产能过剩问题对我国现有的产业政策提出了挑战。当前，在各种原因的催化下，我国的中低端产能过剩问题日益严重。2008 到 2012 年，我国的光伏行业在国家的鼓励和支持下快速发展，导致光伏产业产能一度高达全球光伏总产能的 60%。另外，钢铁产业的产能过剩问题也十分严重，2012 年产能达到了全球产量的 46%。然而，我国的产能利用率并不高，钢铁产能利用率为 72%，光伏行业的产能利用率则仅为 57%。产能过剩问题导致 2015 年 10 月份工业生产者出厂价格（PPI）同比下降 5.1%，规模以上主要产品产量依然处于疲软状态。其中，过剩的产能无法通过对外出口得到解决，这直接导致了过剩产能无法得到缓解。产能过剩主要是由供需结构的矛盾所导致的，即当供过于求的产能数量超过市场竞争能力所能承受的限度。产能过剩会导致企业的效益下降，行业利润率不断降低。我国经济增长的支柱型行业包括煤炭行业、钢铁和汽车行业等。因此，如果这些支柱型行业产能过剩，那么将会对国民经济造成重大影响，无法实现经济的平稳健康和可持续发展。

当产能过剩现象比较严重时会导致企业倒闭。产能过剩会导致企业的库存增加、产品积压。为了有效解决库存积压以及市场饱和的问题，企业只能减少产量甚至停止生产。企业的倒闭进而造成固定资产的损失，资源的浪费进而影响行业的利润率。即使企业没有倒闭的倾向，为了能够销售库存中积压的产品，只能通过下调价格获得市场竞争中的有利地位，以扩大市场份额来寻求销路。然而，降低价格所引发的价格战不仅会导致企业利润下降，同时会引发整个行业的恶性价格竞争，进而导致行业发展受到负面影响。如果产能过剩的问题无法有效解决，企业的市场行为只能在短期内进行补救，从长期来看，企业依然会面临破产倒闭的问题。

产能过剩会影响就业。充分就业是宏观经济政策目标之一。市场的供需结构矛盾会导致各类行业产能过剩、利润下降。为了降低经营成本，顺利度过经营的艰难期，企业会进行必要的裁员。如果企业没能度过生存危机，就会造成更大范围的失业。这对于整个社会而言，都会造成福利的损失。失业率的上升会影响社会和经济的稳定。

此外，产能过剩还会对银行等金融机构造成巨大的影响，资金链的断裂会造成呆坏账等金融风险增加。如前文所说，当具有过剩产能的企业例如钢铁、水泥等行业的企业为了缓解过剩问题进而引发日趋激烈的市场竞争，价格竞争使得产品价格逐步下调、产品不断积压和利润大幅减少的同时，还会造成企业盈利能力下降的、企业流动资金不断减少等企业的资金问题。为了缓解资金不足的问题，企业将会更多地通过融资的方式向银行借款。由于企业的盈利能力降低，这导致企业的偿债能力下降、银行的呆坏账增加。如果企业最终破产，将会使得银行无法收回借出的资金。此外，中国的信贷投向是在政府的指导下进行的，信贷资金的投向主要在大型基础设施建设上，而如果这些大型基础设施停工或者烂尾，将会对银行等信贷机构造成难以挽回的损失。

产能过剩的问题是由多方面原因导致的。政府对光伏产业的过度补贴导致光伏产业的迅速发展，进而造成供过于求的现象。此外，房地产等热门产业的投资也造成了严重的市场供需不匹配问题的产生。此时，产能过剩问题对我国产业政策的调整提出了挑战。

国内外学者通过对产业政策进行研究，发现产业政策是导致产能过剩的最重要因素。对战略性新兴产业实行产业扶持政策会导致大量资本涌入被扶持行业，进而出现产能过剩问题。政府越多干预战略性新兴产业，就会出现越多像光伏产业这样的案例，产能过剩程度也就越发严重。因此，应改变产业政策的实施思路，科学合理地制定政府对幼稚产业进行保护的产业政策。政府应当明确其职能，在产业的发展过程中，应充当指导者的角色，合理制定产业政策，避免造成政府对市场的不当干预。在推进光伏产业等战略性新兴产业发展的过程中，政府应当根据现实情况，仔细制定良好的产业政策，保障相关企业具有良好的投资经营环境，提高投资效率。此外，还要对产业政策的实施过程进行跟踪，明确产业政策的作用效果并根据产业政策实施过程中出现的问题调整政策，避免政策的实施不当。

对于产业发展过程中出现的落后产能，政府应当及时采取相关的政策手段进行淘汰。落后产能的积累往往是由于产业政策的缺失所导致的，包括钢铁产业和光伏产业在内的很多产业，具有较高的退出成本，一旦进入该行业，企业退出具有很大的难度。因此，政府应当完善相应的产业政策，降低行业的退出壁垒，同时引导落后产能的企业退出相关行业，缓解落后产能不断堆积的问题。对行业内的部分企业进行并购或改造，以市场为导向，对相关企业进行调整。同时加强区域间的合作，明确产业在不同地区的分布，从而合理规划不同地区的产业发展模式，优化区域间的产业结构，避免因区域间产业分配不合理所导致的恶性竞争。

核心技术的缺失造成我国高端产能供给不足，因此，要想实现我国产业的价值链升级，就应该有效地提升企业的创新动力，以增加企业的研发创新能力。如何通过政策的实施增强企业的创新动力对我国的产业技术政策提出挑战。目前，我国的创新能力不足，《中国企业创新能力百千万排行榜（2017）》调查统计的数据显示，中国大约八万多家高新技术企业所申请的发明专利总数占据申请专利总数的41%，然而有效发明专利数占全部有效专利数的比重仅25%。中国前百强高新技术企业申请的发明专利仅占申请专利总数的63%，然而有效发明专利数只有45%。

目前，大多数中国企业依然凭借低成本获得在竞争市场上的优势，由此可见，中国企业的创新动力不足。同时，中国企业为了能快速实现盈利和规模扩张，往往会过于追求短期内的利润最大化。由于我国政府需要拉动 GDP 的增长，会鼓励部分企业进行大规模的要素投入。然而，创新活动本身就具有较大的不确定性，很多时候企业或无法获得成功的创新成果，或难以在市场销售中收回创新活动中支出的成本，故企业较少将资金投入到创新活动中，而是将资金投入到要素扩张中，以获得短期内的经济效应和企业规模扩张。此外，由经济体制所导致的垄断，例如行政垄断使企业无须通过产品创新等活动获得更高的市场份额，同样导致创新动力不足。

由于高端技术创新能力不足导致我国产品附加值低，位于价值链的中低端，难以与追求高质量产品、高品质生活的需求结构相匹配。目前，我国的高新技术产业发展不成熟，许多技术密集型产业如新材料、新一代信息技术、高端装备、生物医药的发展水平并不成熟。在美国实行的反倾销和反补贴等贸易摩擦的制约下，企业的盈利能力受到严重影响。同时，由于我国产业技术政策的缺位导致创新动力不足，使得企业主要通过资源投入和产出的数量扩张方式来强化竞争能力，价格竞争成为获取市场份额的主流手段，而不是通过自主创新能力的提高和质量的改善来提升企业的竞争力。因此，我国迫切需要调整产业技术政策以寻求价值链地位的突破。

产业政策可以对产业进行补贴以及税收优惠，进而对企业研发创新的效率产生影响。在适当激励区间内，企业受政策支持获得产业补贴或税收优惠，能有效提升企业研发投资的创新产出的数量与质量，同时在公司经营风险的压力下，促使产业政策支持企业发明专利产出的提高。

最后，低端与中高端产业发展不均衡导致资源错配问题十分突出，因此，如何利用产业政策合理配置资源、优化供需结构是我国在产业转型过程中所面临的挑战。目前，我国工业企业的确存在比较明显的资源错配情况，资源错配对产业结构的合理性造成一定冲击。由于技术密集型产业的技术壁垒较高，我国的资源配置更倾向将资源投入到对技术要求较低的中低端产业。因此，如何利用合理的产业政策整体优化原材料等工业资源在不同地区和企业间的分配，促进生产要素在企业之间合理流动，使得生产要素流向高生产率的企业，逐步打造出一个对产业转型有利的新产业生态系统成为我国产业转型需要攻克的一大难题。

二、产业转型升级对中国贸易政策提出的诉求

产业转型升级离不开贸易政策的支撑，贸易政策的制定可以为产业转型提供外在动力。因此在产业转型的过程中，应当坚持走出去和引进来并重，面对不断变化的国内国际环境，适时调整我国的对外贸易政策，调整对外贸易发展模式，增强我国企业在国际市场中的竞争力，推动习近平主席"贸易强国"的建设。

（1）如何通过加强对知识产权的保护，吸引高新技术外资企业进入中国，利用外溢效应解决中国本土企业在技术、知识、管理、人才、创新等方面的不足，是我国当前贸易政策面临的一大挑战。改革开放以来，知识产权制度在经济发展、科技发展以及社会发展方面的地位日益凸显。在十一届三中全会以后，随着有关法律的健全，我国政府进一步转变对知识产权的观念，不断完善我国关于知识产权保护的法律体系。目前，我国已经针对现实国情建立起一套比较完善的知识产权法律保护体系。

通过二十多年的发展，我国已经形成了符合国际基本要求的知识产权保护法，并制定了其他有关知识产权的法律、条例。尽管我国在知识产权的保护方面取得了巨大成就，我们也应当清醒地认识到，与发达国家相比，我国的知识产权制度建设的起步时间较晚，且建设历史不够长，我国知识产权保护不到位，尚且存在很大的问题，产权保护的总体状况与我们国家的经济社会建设要求不相适应。我国产权问题主要表现在我国知识产权制度存在侵权成本低、维权成本高等问题。

国际上出现的新形势也再一次反映出我国产权保护不足的问题，产权制度不完善导致我国在跨国贸易中遇到诸多阻碍。美国针对中国"知识产权侵权"签署的总统备忘录以及

中兴事件都反映出我国知识产权保护制度与国际规则不匹配的问题。知识产权与外商直接投资息息相关，完善的知识产权保护制度可以吸引更多的外商投资进入我国。外商在华投资可以通过很多途径推动我国企业的技术创新效率，提高我国企业的技术创新能力。由于我们引进的外商投资企业往往掌握更为先进的技术，同时，这些企业由于发达国家的投资和建设同样也会拥有更强的技术创新能力。在引进这些外资企业后，我们就可以通过来自外商企业的技术外溢效应来改善我国的技术水平。技术的扩散主要通过外资企业所使用的产品和技术来实现。外企的设备、内资企业和外资企业的员工接触以及客户技术资料的扩散，都会对内资企业产生技术示范效应。

外资企业的引进还可以倒逼内资企业的研发创新。为了应对外资企业给内资企业带来的巨大冲击、挤占内资企业的市场份额等问题，内资企业需要通过不断加快技术开发，提高技术水平。当前，我国内资企业在最终产品的设计、集成、组装上已经具有较高的水平，然而组装最终产品所需用到的国内零部件质量偏低，因此，使用这些零部件进行生产的最终产品的质量性能都会受到很大的影响。通过引入零部件配套产业的外资企业，我国不仅可以获得高质量的零部件，同时可以通过技术扩散效应提高内资企业的技术水平，弥补内资企业在零部件制造水平上的不足。

外商投资的增长还可以有效缓解我国的资本短缺局面。外商投资企业的发展加大了产业的市场竞争，国内企业需要尽快调整企业的资产结构，增强研发投入，提高技术创新能力，并且加快完善企业治理制度和管理模式的更新与建设。企业的结构调整和制度建设会在一定程度上加重员工的风险预期。人们为了有效防范不可预期的未来风险，往往会采取增加储蓄等一系列方法以保障未来的权益不受侵害。现如今，外商投资企业在我国的经济发展中起到至关重要的作用。外商投资企业占据我国部分的出口份额，实现了贸易顺差。

然而，产权制度的不完善成为我国吸引外商的一大障碍。由于进入我国的外商往往拥有高科技技术，当外商的高科技技术以及研发成果难以得到有效保护时，外商就会缺乏进入中国的动力。因此，缺乏完善的产权保护制度会使外商不愿意在我国投资建厂，我国难以有效利用外商投资企业的技术溢出解决中国本土企业在技术、知识、管理、人才、创新等方面的不足，提升我国产业的价值链水平。在此背景下，如何完善知识产权保护制度、加强我国在跨国贸易中引入外商的能力，成为我国贸易政策面临的一大挑战。

（2）如何平衡中间品贸易自由化与研发鼓励政策之间的关系、克服具有技术优势的进口中间品对我国技术创新的挤出效应，是我国当前贸易政策面临的一大挑战。进口到我国的中间品往往具有高科技含量，例如电子类产品的中间品进口。这一部分的中间品虽然可以为我们国家的最终产品生产提供便利，但也会使我国形成对进口中间品的依赖，弱化研发创新的动力。伴随着中间品贸易自由化，我国中间品进口频繁，可以通过消化吸收进口中间品中蕴含的技术实现技术创新能力的提高。然而，由于我国技术和人才的限制，对先进技术的吸收能力有限，无法通过进口具有先进技术的中间品来获得技术水平的提升。由于企业都更倾向于使用质量更优的中间品，进口的中间品在一定程度上还会对国内的中间品市场产生挤出效应，因此本国中间品逐渐被拥有技术优势的进口中间品挤出市场。进口中间品带来的挤出效应也会造成国内企业自主研发和生产中间品的动力不足。因此，如何平衡中间品贸易自由化和研发鼓励政策，使我国既能利用具有技术优势的进口中间品推动产业转型升级，同时又能培育我国企业制造高技术中间品的能力成为我国面临的一大难题。

第三节 "逆全球化"冲击对中国产业与贸易政策的影响

2000 年后，随着中国经济对外开放、融入全球分工体系，中国成为世界经济体系的重要组成部分。中国作为现阶段世界经济最重要的引擎，经济的平稳健康发展很大程度上会对世界经济平稳发展造成重大的影响。同时，世界经济环境变化也会对中国经济平稳运行产生重要影响。

自 2008 年国际金融危机及其后续欧债危机，全球经济持续低速增长。在美国，明确反对经济全球化的唐纳德·特朗普上台执政，意大利主张支持全球化和欧洲一体化的政府下台，法国大选中反全球化候选人的得票率增加，德国支持全球化和区域一体化的候选人的得票率下降，诸如此类现象都表明在全球化发展中存在来自反方向的作用力，"逆全球化"成为一股新的经济政治力量。随着"逆全球化"暗流涌动和贸易保护主义倾向抬头，各个国家都将受到一定程度的影响，经济活动风险增大。

"逆全球化"的兴起与全球贸易保护主义的加深并不仅仅是当前这个时代的产物。在全球化进程中，我们发现全球化是由发达国家主导的一个世界进程。因此，在全球化进程中存在的一个突出问题便是国家间发展不平衡，发达国家和发展中国家的差距逐渐加大。尽管社会分配不公平是市场经济中必然存在的问题，然而，全球化的过程将社会分配不公平的现象进一步加深。

在生产过程中，各种要素带来的边际收益具有较大的差异。法国经济学家托马斯·皮凯蒂对于资本边际收益的相关研究成果可以解释全球化过程中收入分配不均的现象。托马斯·皮凯蒂对资本收益率展开了深刻的研究。通过研究，皮凯蒂得出了结论——如果资本收益率在较长一段时期内显著高于经济增长率，财富分配差异化的风险就变得非常高。为了得到实证的结果，皮凯蒂进而通过研究大约二十个西方主要经济体和新兴经济体的长期经济发展数据发现，库兹涅茨曲线并不成立。换言之，收入分配差距并不像库兹涅茨曲线的结论所说的那样会在经济发展水平达到一定阶段后逐渐减小。皮凯蒂的研究结果得到了一个相反的结论，这在西方国家引起强烈反应。自 20 世纪 70 年代以来，收入不平等现象在发达国家显著增加，皮凯蒂的研究成果解释了收入分配不平等以及全球化进程中，国家与国家之间的贫富差距日益增大的国际现象。

随着全球化进程的不断推进，跨国公司的出现更是加速了全球范围内资本的流动。由于资本的流动性大于劳动力等其他要素，因此在全球化对生产要素的影响中，资本最为明显。在市场的调节下，资本总是流入具有高盈利能力和高资本回报的国家，而这些国家往往都是具有核心技术的发达国家。伴随着全球化的不断推进和技术水平的不断升级，资本收益率与经济增长率之间的差距逐渐扩大。两者之间的差距导致全球化进程不但没有带来世界各国的互利共赢，反而使得社会公正的问题变得日益严峻。根据福布斯富豪榜等全球财富报告公布的数据资料进行计算可以发现，全球的贫富差距一直呈现上升趋势。截至 2016 年，世界上最富有的 1% 人口所拥有的财富超过其他 99% 人口的财富总和。

在此背景下，全球化的进程不断受挫，"逆全球化"和贸易保护主义不断抬头。全球经济的不稳定更是对世界各国造成了巨大的影响。我国是全球经济中的重要组成部分，在国外经济形势日益复杂的背景下，同样无法避免"逆全球化"带来的冲击，此时，作为中国经济平稳健康发展的重要辅助工具，厘清产业政策和贸易政策的协同发展机制变得尤为重要。

一、"逆全球化"冲击对中国产业政策提出的挑战

2000 年后，随着中国经济对外开放、融入全球分工体系，中国逐步成为全球最大的生产型经济体。在中国赶超日本成为世界第二大经济体后，产业过度膨胀使得我国面临产能饱和的问题，产业一方面需要通过传统产业优化升级实现产品质量的升级，另一方面也需要出口具有更高附加值的产品来提升国际影响力，促进我国产业水平迈向全球价值链中高端。通过"供给侧改革"将饱和的产能运输海外进行消化也可以在一定程度上缓解产能严重过剩的问题。伴随着"逆全球化"等国际冲击的抬头，我国实施产业政策面临诸多挑战。

"逆全球化"导致中国中间品出口受阻，为我国通过产业政策实现产业迈向全球价值链中高端带来了巨大的挑战。中间品的出口对我国对外贸易的影响具有重要作用。然而随着"逆全球化"的抬头，贸易摩擦的不断增加，贸易保护主义的加深，我国中间品出口面临较大的困难。在贸易保护主义的限制下，各国不断增高的进口关税抬高了我国出口中间品在国际市场上的价格。中间品价格的提升导致以中间贸易品为原材料进行最终品生产的下游企业生产成本提升，降低采购额度，进而带来国际分工的范围和领域的缩小，甚至将产业内分工变为产业间分工。这将为中国通过产业鼓励政策，通过中间品出口迈向全球价值链中高端带来重大阻力。

"逆全球化"不仅对我国中间品出口造成严重冲击，而且限制我国过剩产能的海外输出，为中国通过供给侧改革将饱和的产能进行海外消化带来巨大挑战。由于国内供需结构不匹配的问题造成我国产能过剩问题日益加重，解决产能过剩的问题应当依靠对供需结构的调整，使得有效供给与当前的需求结构相匹配。然而，调整需求结构是一个长期的过程。从短期来看，大量生产落后产能的企业面临倒闭的风险。因此，我国在治本的同时，也要采取一定的手段解决当下产能过剩的问题，避免产业过剩对行业造成过于严重的影响。

所有制造业大国发展到一定阶段后，都需要进行产业转型升级以解决产能过剩和价值链低端化的问题。对于落后产能的消化，发达国家往往会通过产能转移的方式将过剩产能转移到欠发达的国家。产能转移的过程能有效促进产业升级和经济发展。过剩产能的转移会同时作用于发达国家和欠发达国家。对于发达国家而言，过剩产能的转移就意味着相关的生产企业可以收回生产成本并获取利润，进一步投资到高端产品的研发上。因此对于输出产能的国家而言，产业将向高端价值链发展，同时接受产能的国家也可以实现在价值链上的升级。历史上曾发生过五次过剩产能转移事件：第一次产能转移发生在 20 世纪初，英国将过剩产能转移到美国。第二次产能转移发生在 20 世纪 50 年代，美国将很大一部分

的传统产业转移到日本、德国等在"二战"中战败的国家。第三次产能转移发生在 20 世纪 60—70 年代，日本和德国为了降低劳动力成本将劳动密集型加工产业转移到新加坡等亚洲"四小龙"以及一部分拉美国家。第四次产能转移发生在 20 世纪 80 年代初，欧美日等发达国家和新加坡等新兴工业化国家，将国内的劳动密集型产业转移到拥有更低廉的劳动力的发展中国家。第五次产能转移发生在 2008 年金融危机之后。一方面，产业高端链条回流欧美发达国家。另一方面，专业低端链条向成本更低的地区转移。输出过剩产能不仅对输出国的产业转型具有促进作用，同时可以有效提高接受产能国家的产业发展水平，是一个双赢的活动。因此，我们可以看到过剩产能转移是应对产能过剩的一个有效途径。

然而，"逆全球化"加大了我国过剩产能对外输出的难度。2018 年 1 月，美国总统根据《1974 年贸易法》第 201 条规定"当某种商品进口数量激增，给美国产业造成严重损害或严重损害威胁时，美国总统可以通过关税、配额等措施来限制进口，保护本国产业"，实施了"201 调查"。由于这一条贸易法条款旨在单方面保护本国产业的利益，具有极强的单边主义色彩，因此，美国在世界贸易组织成立后很少使用这条法案。然而，随着"逆全球化"和贸易保护主义的加深，美国总统特朗普在上任后全然不顾世界贸易组织的规则，堂而皇之地宣布对进口光伏产品和大型洗衣机分别进行四年和三年的全球保障措施。

美国采取的这种贸易保护措施在近几年频频出现，针对的也是进口光伏产品和大型洗衣机。美国对大型洗衣机采取的高关税保护严重影响到了出口国的贸易活动。美国采取的贸易保护措施充分甚至过度保护了美国国内相关产业，然而"201 调查"对我国对外贸易造成了难以逆转的影响。未来美国跟我国及其他国家的贸易争端也将更多地集中在劳动密集型和科技密集型的交叉领域。因为这些领域一方面具有劳动密集型行业的性质，能够带来充分的就业。另一方面也能通过机械化改造升级降低成本。这将使得产业重合度提升，并使相关领域贸易摩擦升温。

美国对光伏产业的制裁则更多是为了针对中国。根据中国机电产品进出口商会的调查，2017 年中国对美国太阳能板出口同比下降 41%。由于美国对从我国进口的太阳能产品征收 30% 的关税，加上此前美国对华施用"双反"政策，生产商无法将太阳能板从中国大陆出口到美国。因此，我国通过对外贸易的方式将我国的过剩产能转移到国际市场上变得十分艰难。然而产能过剩是中国经济实现并保持平稳健康发展面临的一大难题，现阶段中国需要通过对外贸易消化产能，并实现传统产业优化升级。"逆全球化"将提高出口关税，限制中国将过剩产能输出，为中国供给侧改革的顺利实施带来阻碍。

"逆全球化"加大了国际技术封锁力度，限制中国企业实现技术型海外并购，给中国"走出去"战略的实施带来了巨大挑战。海外并购是获得其他企业先进技术的一条捷径。母公司通过海外并购，可以将子公司的先进技术引进到母公司，然后加以利用。中国自 2016 年起，掀起了海外并购的狂潮。仅 2016 年，中国的海外并购交易值就已经达到 2 000 亿美元。根据统计，中国发生的并购交易中，有 2/3 都是属于跨国并购活动，其中欧洲和北美是我国进行海外并购较多的地区。

近年来，中国海外并购的发生主要是基于技术引进的目的。随着我国经济发展的进程不断推进，企业的盈利能力不断提高，企业逐渐具有进行海外并购的能力。随着"十三五规划"的发行，并购已被认为是获取战略技术、扩展国家商贸能力的重要途径。企业可以通过海外并购，实现技术上的升级。美的公司收购德国库卡就是一个具有代表性的例子，美的公司将机器人技术引入了中国（以及世界）最大的家电制造商，同时也给库卡提供更多机会进入世界最重要的自动化生产市场。虽然中国的海外并购活动在 2017 年上半年开始放缓，然而由于 2016 年的并购狂潮，2017 年之后的企业并购活动依然不断增加。

在并购活动中，医疗保健的并购商尤其活跃。例如，上海复星医药通过收购印度制药公司 Gland Pharma，获取医药类的技术，巩固并加强了自己的国际业务和在非专利药物领域的地位。仅 2018 年上半年，医药健康行业上市公司就发生了 140 起并购事件。其中 1 月份时，相关上市公司共披露 25 起并购消息，2 月份披露 18 起，3 月份 19 起，4 月到 6 月，分别披露 23 起、24 起和 31 起。企业并购现象的产生同样来源于政府的政策支持。白云山披露的《重大资产购买报告书（修订稿）》中提到，长期来看，"两票制"将促进行业整合，不具有上游资源和下游网络的小型企业将被淘汰，医药流通行业集中度将会进一步提升。同年 5 月，白云山正式完成了对广州医药 30% 股权的收购，交易金额为 10.94 亿元。

目前，中国也在越来越多的技术并购中占有一席之地。2016 年，中国企业在海外收购的目标中将近 20% 是技术公司。整个并购市场在过去 5 年有极大的发展，而涉及技术标的交易份额增长得更快。如今，每 5 起交易中就有 1 起与技术有直接的联系，这些交易的价值在整个市场中所占的比例甚至更大。技术并购在许多方面跟传统并购都有区别。考虑进行技术并购的企业领导者需要重新审视包括战略、执行、评估、协同和并购后整合在内的一系列流程。我们将在下面部分对技术并购市场进行分析，包括非技术行业的企业正在成为并购的主力军。

技术并购背后最大的推动因素来自非技术行业的买家，他们发挥着越来越重要的作用。数字化产业和高新技术的发展不断为许多产业带来颠覆性的影响，而且与商业网络一起，影响着更多的行业。企业如何决定上市的时间以及如何达到企业发展的最优规模都至关重要，但企业通常没有时间或者人才来打造自己所需的能力。汽车和金融服务业是两个最佳的例子：对这两个行业来说，软件和技术在并购中的重要性如同动力系统之于汽车行业、金钱之于金融业。自 2012 年以来，技术并购交易在我们数据库中的每个产业领域中所占份额都有明显提升，因为企业越来越倾向于通过并购获得新的能力，弥合创新差距。非技术行业买家的份额自 2012 年来上涨了 9 百分点，在所有技术并购中占到了 70% 以上。

现阶段，中国实现产业升级的一大外在动力来源是通过"走出去"战略实现技术型海外并购。然而，中国的海外技术并购引起了美国的注意。美国总统特朗普于 2017 年签署命令，禁止湖北鑫炎收购美国半导体测试公司 Xcerra。近三十年来，美国总统四次以国家安全为由叫停外资收购交易——四次全都与中国有关。美国前总统奥巴马在任时也曾签署命令，阻止中国福建宏芯基金收购德国半导体设备供应商爱思强及其美国分支机构，并称这一交易"可能威胁美国国家安全"。在中国产业逐步升级、高科技产品不断突破的背景下，美国越来越感受到来自中国的竞争压力，对中国也愈加防范。

鉴于以上原因，"逆全球化"冲击将会增大中国进行技术型海外并购获取国际先进技术的难度，对中国企业通过"走出去"战略实现海外并购进而促进产业转型升级带来巨大冲击。

二、"逆全球化"冲击对中国贸易政策提出的挑战

开放带来进步，封闭必然落后。为了保持美国在全球的地位，近年来美国的单边主义和保护主义措施不断增加。虽然美国的这种行为对多边贸易体制基础造成冲击，但是世界贸易组织的其他成员对此的态度尚不明朗，或者可以说是敢怒而不敢言。尽管诸多国家提出异议，在"逆全球化"的趋势下，问题并没有得到实质性的解决。一方面，如何协调美国与世贸组织的关系将关系到多边贸易体制未来的发展方向；另一方面，美国提出中国的有关政策措施与世贸组织规则不相容，认为世贸组织无法有效处理中国问题，为了确立政策的合理性，美国政府试图联合世界贸易组织中的其他发达国家成员通过对世贸组织进行改革，从而为其在拓展对外贸易、培育贸易新业态新模式、推动建设全面开放新格局提供政策上的支持。因此，在贸易强国建设过程中，面对"逆全球化"冲击，我国贸易政策应当做出适时的调整以应对当前的国际背景。

"逆全球化"阻碍了中国拓展对外贸易，并进一步加剧了中国与其他国家之间的贸易摩擦与冲突，对我国实行高水平的贸易和投资自由化、便利化政策带来巨大挑战。"逆全球化"暴露了某些国家对自由世界市场的不信任，致使贸易摩擦事件频繁发生。例如，2017 年 11 月 28 日，美国商务部表示，将使用贸易政策手段对从中国进口的铝箔主动发起反倾销反补贴调查；2017 年 12 月 5 日，美国商务部宣布将对越南的钢铁产品征收高额的进口关税；2018 年 6 月 15 日，白宫正式发表声明，对中国出口的 500 亿美元商品征收25% 的关税等。这些贸易摩擦与冲突对中国出口产业健康以及经济的平稳发展带来了巨大冲击。

虽然我国政府高度重视当前面临的贸易摩擦问题，并采取了各种政策措施以应对日益增加的贸易摩擦问题，然而贸易摩擦产生的根本原因是国与国间的利益矛盾冲突，在不解决利益冲突的情况下是难以有效解决贸易摩擦的问题的。

因此，我们首先要考虑的问题是究竟采取怎样的措施才能有效缓解我国面临的日益严峻的贸易摩擦。随着国际贸易的不断发展，各国通过对外贸易的发展逐渐形成了一张贸易网，国家间的利益相关性越来越高。自从中国成为贸易大国并且跃居世界第二大经济体后，贸易摩擦事件越来越多。要想化解贸易摩擦要从互利共赢角度出发，研究探索如何有效化解贸易摩擦，总结应对复杂国际形势的新思路、新对策，避免过去所采用的"见招拆招"的措施，做到标本兼治，从根本上避免贸易摩擦事件的产生。此外，我们还要正确理解互利共赢的真实内涵，并且正确地在贸易摩擦中运用互利共赢的真实内涵。

互利共赢在传统经济学理论观点中被认为是通过各个国家之间进行国际分工，并且依靠自己国家的比较优势获取贸易利益。然而随着全球化进程的不断推进，国家之间通过产业分工来实现流水线的生产，即每个国家生产产品的一部分。随着国际社会的不断发展，国家之间的利益问题发生改变，互利共赢的本质内涵已然发生了较大的变化。20 世纪 80 年代以来，新一轮的科学技术的发展以及贸易合作关系的建立使国际分工形式发生了巨大变化，新的分工模式已成为当前国际分工的主要形式，这种模式是基于产品价值的增值"环节"或"阶段"。贸发会议发布的《2013 年世界投资报告》指出，产品内部职能的权

力下放和区域分权以及中间产品贸易的迅速发展已成为当前全球经济的一个突出特点，带来了中间产品贸易的快速发展。因此，奉行互利共赢的贸易观念对国家的发展具有重要意义。

中国在改革开放之初属于弱小的经济体，国际竞争力不强，因此中国的贸易活动对世界产生的影响较小。然而，随着中国综合实力的不断加强，尤其是在跃居成为世界第二大经济体后，我国所采取的对外贸易战略会对世界经济产生巨大的影响。与传统的经济观点不同的是，互利共赢不仅意味着要通过比较优势实现本国利益的最大化，在各个国家通过对外贸易实现自身利益最大化的同时，也要注意保护参与贸易活动的其他国家的利益。即我们国家在对外贸易活动中不仅需要发挥我的比较优势、提高竞争能力并进一步提升自己的价值链地位，同时更要注意在贸易活动中是否会对其他国家产生不利影响和冲击。因此，需通过制定合理的贸易政策，在遵循互利共赢的基础下，减少中国与其他国家的贸易摩擦，充分应对国际"逆全球化"冲击对我国经济平稳健康发展的负面影响。

"逆全球化"使得许多外资企业从中国撤离，为中国贸易政策的连续性和稳定性带来了巨大挑战。中国现有的贸易政策通过提升开放水平，优化投资环境，从而吸引更多具有高技术水平、更大附加值的外资企业来到我国进行投资，并进一步鼓励外资企业在中国进行长期发展。积极吸引外资进入我国进行投资是执行贸易政策的一个重要环节。改革开放以来，我国积极主动扩大对外开放，同时制定相关贸易政策为外资企业在华投资提供便利。随着我国不断对外开放，中国逐渐成为外商投资的主要目的地之一。自1993年以来，我国吸引外国投资的水平就已经达到了一定的程度，并且规模一直居发展中国家首位。自2008年以来，我国吸引外资的水平达到了一个新的高峰，位于全球前三位。2016年，国际形势不断发生变化，在全球跨国投资水平不断下滑的背景下，我国吸引外资总量依然达到8 132.2亿元人民币，同比增长4.2%，特别是美国、欧盟等国家和区域组织对我国的投资一直大幅增长。在我国经济发展和深化改革进程中，我们可以发现积极吸引外资起到了至关重要的作用——促进了对外贸易的发展，带动了我国技术的进步并且促进了相关产业的发展，使得我国在国际市场中的竞争能力得到有效加强。可以说，利用外资是我国互利共赢开放战略的成功实践。

然而，近年来我国的外资撤离现象日益严重。韩国三星正式关闭其在中国大陆唯一一家网络设备生产企业——深圳三星电子通信公司，并遣散了230人。过去几年，三星在中国的用工人数大幅跌落，其工厂也渐渐由中国转移至东南亚。截至2018年，三星在中国的用工人数不足3 000人，而在东南亚地区的用工人数却达到了14万，比当年三星在中国的极盛时期还多四万。除此之外，三星2017年在越南砸下的100亿美元的投资，更是占了2017年越南工业总产值的15%左右。

纵观这十年，我们会发现，外资工厂从中国撤离已经变成了一种非常突出的现象。而外资之所以大量涌入，得益于中国在改革开放之初所实行一系列战略措施。我国通过实施优惠的土地税收政策以及提供廉价劳动力从而吸引国际公司的投资，鼓励这些国际公司将工厂搬至中国。所以，应该意识到我国改革开放以来获得的成就离不开这一系列措施的鼓励。

在"逆全球化"的冲击下，外资企业进口与出口两方面受到冲击，使之从中国撤离，实行产业转移。外资企业的撤离为中国贸易政策的连续性以及稳定性带来负面影响。在了解"逆全球化"对贸易政策带来的挑战之后，厘清贸易政策在"逆全球化"背景下存在的不适应以及根源，有助于认识产业与贸易政策协同发展所面临的挑战。

第四节　产业与贸易政策协同发展思想与体系的创新需求

现阶段，为了应对国内供需结构的不匹配以及我国产品的价值链低端问题，我国开始进行产业转型升级并走向新型工业化道路。在我国经济转型的关键时期，产业政策与贸易政策在相当长一段时期里将继续发挥着关键的作用。随着时代发展，我国产业政策与贸易政策不断推陈出新，以适应国内外环境变化。同时，随着中国参与国际合作程度加深，中国产业政策影响力日趋国际化。当前，我国的产业政策与贸易政策并不能很好地协调配合，这也影响到了两种政策的实施效果。如今，这两种政策的协同问题逐渐成为我国关注的焦点。党的十八大报告中明确提出，需要强化贸易政策和产业政策协调，平衡贸易和产业两者的发展。

在此背景下，我们研究并构建产业与贸易政策协同发展体系具有重要意义。合理的产业与贸易政策协同发展体系有助于推动我国供给侧结构性改革的进行，起到补短板的作用。在经济新常态下，实施供给侧结构性改革至关重要，能够让我们快速适应发展的新环境，获得战略上的主动权。习近平总书记长期以来强调供给侧结构性改革的重要性，深入推进供给侧结构性改革、不断优化经济结构涉及我国经济发展的各个产业，其中既包括当前暴露出我国产业发展的短板，又涉及欧美发达国家高端制造业回流和新兴经济体低端分流的"双向挤压"，同时国际上相关经济体设置的技术贸易壁垒、绿色壁垒等，也对我国引进先进技术的产业影响很大，阻碍了我国"引进来"和"走出去"战略的进一步实施。由此可见，深入推进供给侧结构性改革，必须从产业与贸易政策两方面同时出发，立足于当前国内主要矛盾变化和国际社会发展新形势，着力构建并完善产业与贸易政策协同发展体系，形成政策合力，协调产业与国际政策相适应，弥补现阶段我国产业发展与国际贸易之间的短板，提升我国产品的国际价值链水平和增强我国产业在国际市场上的竞争力，并进一步适应经济发展新常态，冲破新时期中国经济社会发展的桎梏。

当前，厘清并完善新时期中国产业与贸易政策协同发展机制可以有效应对国际"逆全球化"趋势，解决制度性贸易摩擦。自英国提出脱欧以及美国总统特朗普上台以来，"逆全球化"趋势日益凸显，贸易保护主义不断加强，我国受到发自其他国家的贸易摩擦问题越来越多，制度性贸易摩擦已严重影响到我国产业和贸易的发展。2018年7月31日，党中央在政治局年中工作会议中指出："当前经济运行稳中有变，面临一些新问题新挑战，外部环境发生明显变化。要抓住主要矛盾，采取针对性强的措施加以解决。"长期以来，我国产业与贸易政策缺乏互动，使得我国对外出口产业受到严重制约。例如，美国认为中国政府通过给予太阳能产业过多的出口补贴，违反自由贸易准则，严重破坏美国市场秩序，以此对华光伏产品实施"反倾销反补贴"调查。另外，美国政府认为中国对知识产权的保护不符合国际标准，中国知识产权侵权和促进本土创新政策对美国经济造成了很大的负面影响，导致美国企业遭受严重损失。一个国家的产业政策需要与国际贸易规则相协调,我国也需要不断调整产业政策来解决本国产业政策与国际贸易规则的协调问题。同样,一个国家的产业政策也不可能只是通过自己的调整与改进实现产业政策的不断升级,产业政策的升级需要同时通过贸易政策来引入国外的额外源因素,实现产业的转型升级和提升国际市场的竞争力。因此,在制定国内相关产业政策时,必须要紧密结合当前国际形势,做到产业与贸易政策相互支撑、协同发展,充分发挥产业与贸易政策的功能及作用,使得我国相关出口产业能够合理应对国际规则,为经济平稳健康发展提供有力的政策保障。

研究并构建新时期中国产业与贸易政策协同发展体系可以确保顺利实现保障民生、稳定就业和经济平稳健康发展的目标。2018 年 7 月 31 日,中央政治局年中经济工作会议指出:"把稳定就业放在更加突出位置,做好民生保障和社会稳定工作。"就业问题是事关国计民生的头等大事,尤其是对于我国这样的人口大国来说。在经济潜在下行压力增大和国际复杂严峻形势的背景下,稳定就业对于维持社会稳定的意义不言自明。但是,近几年我国实体经济明显下滑,廉价劳动力带来的人口红利逐渐丧失;钢铁、水泥、电力等产能过剩的行业亏损严重,企业为去产能关停,减薪裁员,很多人面临失业的危机;加之外部局势发生的复杂严峻的变化,给我国民生保障和就业稳定带来了更多不确定性。要保障高质量的就业,一方面需要通过产业政策进行传统产业的改造升级,深入推进供给侧结构性改革,引导劳动者转岗就业,同时加快培育新动能,通过双创等创造更多就业岗位;另一方面调整贸易政策积极应对贸易摩擦带来的负面效应,减少贸易摩擦对我国产业结构的冲击,坚持"引进来、走出去"战略并重。因此,研究并构建产业与贸易政策协同发展体系,通过产业与贸易政策调整我国产业结构,使之与就业结构相适应,从而实现保障民生、稳定就业的目的。

一、产业与贸易政策协同发展形成的机制

厘清并完善新时期中国产业与贸易政策协同发展机制是实现经济平稳健康发展的重要条件。当前经济运行稳中有变,经济基本面存在下行压力,受国际外部环境和国内主要矛盾变化影响,就业、外贸、外资以及投资等方面都存在一定风险因素。面对国内外复杂环境,我国现有的产业与贸易政策无法完全适应新形势的挑战,加快我国产业转型升级已迫在眉睫。2018 年政治局年中经济工作会议要求:"保持经济平稳健康发展,做好稳就业、稳金融、稳外贸、稳外资、稳投资、稳预期工作。"无论是从应对国际"逆全球化"趋势、以补短板为重点任务的供给侧结构性改革、加快产业转型升级,还是稳定民生、保障就业,要实现"六个稳定"涉及社会的方方面面,既要考虑到可能出现的国际贸易摩擦,也要符合现阶段我国经济发展的要求。因此,寄望于仅依靠某一产业政策或者贸易政策实现当前经济发展目标是远远不够的,只有打破产业与贸易政策独立作用的藩篱,建立产业与贸易政策协同发展的长效机制,形成政策合力,充分发挥产业与贸易政策各自的作用和功能,让传统产业瞄准国际标准进行优化升级,促进产业升级和贸易平衡发展,只有这样中国才能在迈向经济强国和贸易强国的道路上坚定前行。

现阶段,我国经济发展已经从过去的高速增长阶段逐渐转变为高质量发展阶段。同

时，在国内外环境变化的背景下，我国经济面临来自国内和国外的双重限制。新时期，我国国内面临产能过剩和供需结构矛盾升级等问题，而国外"逆全球化"对我国出口贸易产生了巨大冲击。因此，我国需要深化经济体制改革，依靠改革推进产业结构调整，扩大开放，构建新的开放型经济体制。这样既可以转变我国旧有的粗放型产业发展方式、优化经济结构、转换增长动力的目标，同时可以使产业政策与贸易政策形成政策合力，保障中国经济平稳健康发展。

消费、投资和出口是推动我国经济增长的三驾马车。这种经济增长模式确实在一定时期内促进了我国的经济发展，同时可以缓解所遭遇的经济波动，但是凯恩斯经济理论中的经济增长方式主要是以调节经济总量为主，而我国的经济增长方式在很大程度上忽视了经济结构对经济增长的影响。我国对某些行业进行政策上的扶持以促进行业的发展。然而，产业政策对某些行业的过度扶持导致这些行业投资的高速增长，进而使其生产能力快速增长，但我国消费率并没有相应地快速增长，此时"逆全球化"的冲击导致了国外需求水平的下降，贸易政策没有相应合理地协同，使得出口也不能很好地消化这部分产能。同时，"逆全球化"使得国际技术封锁力度进一步加强，增大中国对国外先进技术获取的难度，使很多行业企业无法短时间内实现高端产品的供给，而低端产品则供给过剩。因此，经济增长的动力应当来自技术上的创新，提高我国对高端价值链产品的供给，从根源上解决产能过剩的问题。在我国低端产品供给过剩，高端产品供给不足的供需矛盾问题下，供给方面缺乏多样化、个性化消费的特征，供需错位现象的发生，需要促进经济结构性改革，产业政策与贸易政策协同发展，切实保证供需平衡，促进经济结构性改革。

一直以来，通过"调节经济总量"促进经济增长的思路往往容易让政府忽视经济结构对经济增长的影响，为推动行业发展而忽视了产业政策与贸易政策之间的协同发展，导致供需失调。产业政策和贸易政策本身就具有协调发展的内在机理。两种政策可以通过政策间的相互协调，彼此促进。

首先，贸易政策对产业政策发展具有推动作用。现代经济市场以不完全竞争的市场模式为主。企业的市场地位往往取决于市场中企业之间的策略互动，策略互动中占据主要地位的一方往往会得到较好的市场收益。此时，政府的贸易政策可以改变企业在不完全竞争市场上的地位。尽管政策的实施效果依赖于不完全竞争市场的市场结构和规模经济效应，但是政府的贸易政策依然可以影响策略互动的结果，增强本国企业的竞争优势，推动本国的产业发展。例如在高新技术产业，要想主导国际市场，不仅需要有具备先进要素结构，同时还需要积极实施配套的贸易政策来获取竞争优势。政府通过制定战略性贸易政策可以帮助我国产业在国际市场上获得先动优势。我国产业具有的比较优势可以为我国在国际市场上的竞争提供保障条件。有很多的因素都会对国际分工的最后格局产生重要的影响，例如历史因素、国内市场规模以及贸易或产业政策等。我国应当根据本国条件和相关产业的比较优势灵活运用战略性贸易政策，以形成有利于我国竞争的贸易结构和分工格局，为本国企业获取先动优势、积累规模经济、占领国际市场创造良好的条件。

其次，产业政策同样对贸易政策具有推动作用。当我们将国内贸易拓展到国际市场上之后便会形成国际贸易，各国往往会制定一系列的贸易政策对本国企业加以保护。然而，贸易保护并不能真正促进一国的贸易发展，企业在国际市场上的地位取决于比较优势。因此，我国需要从根本上提高我国产业的国际竞争力，培植企业的生产力。尤其是对于中国这样一个拥有大量劳动力的发展中国家而言，我们不能只依靠劳动力密集型产业，还应当采取相应的对策措施扶持优势产业的发展。对于优势产业的界定，不仅需要判断它是否充分利用和发挥现有的劳动力的资源优势，还要看是否有广阔的技术上升空间和巨大的国际市场前景。同时，我们还应当注意要将产业与国际产业链对接，迎合国际市场的需求。此外，我国确立的优势产业还要具有带动国内相关产业的转型升级、进一步促进国内其他产业发展的功能。由于劳动生产率增长速度较快的企业往往具有更高的发展空间和发展潜力，因此可以大力发展劳动生产率增长幅度大的产业，提高其在产业结构中的比重，实现"先富带动后富"，加快国民收入的增长速度。要想通过制定合理的产业政策实现产业升级，就需要挖掘企业内在的优势，发挥企业的比较优势，以此获取企业在国际市场上的竞争地位，进而提升国际贸易竞争力。由此可见，企业发展的关键在于技术创新。技术创新需要在"干中学"的过程中不断积累基础知识，加大自主研发，同时也要通过贸易政策引进外资，积极吸收国外技术。因此，产业政策的实施也有助于推动贸易政策的实现。

二、产业与贸易政策协同发展体系的创新

长期以来，我国在产业与贸易政策协同发展方面几乎处于"真空"状态，既无明确的政策协调机制，也不存在相应的协同发展规则，但是随着我国主要矛盾的变化，产业短板劣势凸显以及"逆全球化"冲击的影响，为维护中国经济平稳健康发展，厘清产业与贸易政策协同发展机制，探寻两者协同发展路径刻不容缓。

首先，根据以往文献及理论分析，产业与贸易政策协同发展体系创新，应当明确管理主体，通过改进和完善体制机制，增强协同效能的实现。新时期，在国内外环境变化下，中国经济面临下行风险，维护中国经济平稳健康发展是当前的重要任务。对此，政府出台了产业扶持政策以及进一步扩大开放的贸易政策，但两者合力难成，政策协同管理部分处于真空状态。因此首先应当从主体和机制层面入手，做好协调工作。在贸易政策与产业政策制定实施过程中，往往由多个部门参与进行有关政策制定协调的过程。然而，由于信息不对称等原因，部门与部门之间的协调工作往往不足，从而导致政策制定主体和政策实施主体之间的割裂。政策制定流程中，被征询对象的意见并不能完全体现在法律的制定过程中。因此，政府和企业之间的信息不对称问题依然存在。最终，政策制定的过程依然存在脱离产业经济发展的实际情况，政策的协调性以及实践过程中的有效性都会受到极大的损害，进而影响到国家宏观调控的有效性。

此外，我国对于不同政策的管理制度尚不统一。例如，国家环保总局主要制定环保产业政策，科技部主要制定高技术产业政策，还有其他的一些部门参与其他产业政策的制定。贸易政策的制定主要由商务部参与，商务部通过对产业发展进行调查研究并实行一定的贸易政策参与到产业领域的发展。然而，执行产业政策的部门主要是产业管理机构，产业与贸易政策在实行过程中就面临体制上的不统一。由于贸易政策主要由商务部和其他政府机构发布，且各个部门之间属于平行关系。因此，不同部门制定的产业和贸易政策难以统一协调。产业政策和贸易政策协调发展的过程中，需要充分考虑我国产业发展的现状以

及对外贸易的国际市场，对症下药，同时制定出能解决以上问题的产业政策和贸易政策。因而，要实现产业与贸易政策协同发展，就不能任由割裂局面延续，应当加强对产业与贸易政策协同发展的管理。通过两种政策同时作用于我国的经济发展，协调两种政策之间的矛盾冲突，避免政策间的冲突影响政策推行的实际效果。在对外贸易的活动中，我们要通过贸易政策和产业政策的相互协调，提高出口商品的质量水平，以形成竞争新优势，并进一步推动对外贸易平衡发展，将我国产业与贸易政策协同发展机制提上党和政府的工作日程。

其次，需要构建网络化产业与贸易政策协同发展体系，逐渐形成"中央＋地方"的双层管理模式，中央与地方各司其职，协同管理，互为补充。政府需要通过协调产业政策和贸易政策的制定实施部门以避免产业与贸易政策产生政策间的冲突和摩擦。然而产业与贸易政策协调发展体系的构建不仅需要协调中央的政策制定部门，同样也需要地方的配合。中央根据产业调查的结果以及产业与贸易的相关数据分析，决定应当如何进一步调整产业与贸易政策，通过部门间的协调机制，消除政策制定过程中的信息不对称问题，以避免产业与贸易政策的不协调问题。政策的进一步落实需要通过地方政府的协调。因此，构建产业与贸易政策协同发展体系需要"中央＋地方"的双层管理模式。从目前我国情况来看，政府对于产业与贸易政策协同体制的机制管理研究不足。虽然我国的贸易部门已经与其他的组织部门建立了部门协调机制，加强了部门间的联系，但是各个部门的协调能力依旧不足，部门间信息不对称；另外，中央与地方之间的不协调也会导致产业与贸易政策的不协调性。

新时期，随着国内主要矛盾发生变化以及"逆全球化"思潮和贸易保护主义倾向抬头，完善我国产业与贸易政策、厘清产业与贸易政策协同发展机制，是建设现代化经济体系重要的任务，是实现中国经济平稳健康发展的重要手段。如何结合十九大精神，辩证地看待各方指导理论在制度设计中的作用并用于指导实践，在产业与贸易政策协同发展的关键理论问题方面和机制设计方面做出创新，成为一个重点难点问题。

改革开放 40 年来，我国的产业政策和贸易政策为我国的经济发展带来了巨大的贡献。然而，政策的制定往往都具有时效性，并非可以将一套政策用于任何时代背景。当前我国面临的国内外环境变化反复，主要表现为国内亟待转型的供需矛盾以及国际"逆全球化"。在我国发展的新阶段，党中央对于新时期我国经济发展的目标和要求做出了明确的指示。根据第十九届中央政治局会议精神，我国新时期要以经济平稳健康发展为目标，做好"稳就业、稳金融、稳外贸、稳外资、稳投资、稳预期"工作。在全球化的进程中，我国无论是在就业还是经济发展方面都获得了全球化带来的益处。通过广泛开展对外贸易，我国出口的"中国制造"产品获得了全世界的青睐。但是，全球性的金融危机造成了很多国家对全球化问题的反思，贸易保护不断增加，"逆全球化"登上历史舞台，贸易保护主义抬头。同时，国内供需矛盾带来产能过剩等严重问题，亟待通过产业转型及补足产业短板这两种手段解决。为了解决有效供给不足导致的供需矛盾，中共中央政治局会议明确了新时期要把补短板作为当前深化供给侧结构性改革的重点任务。通过供给侧改革，做好补短板工作以解决原有的产业结构存在的产能过剩、产业发展方式以粗放型为主、价值链仍处于中低端等问题。推进供给侧结构性改革，并非仅仅是数量结构的调整，而是整个产业结构的变革和升级。因此，供给侧改革需要通过产业转型升级加以推动。2018年政府工作报告中强调，我国要进一步扩大对外开放，提高对外贸易的水平，加快产业转型升级。在2017年的十九大报告中，习近平总书记强调要推动形成全面开放新格局，支持传统产业优化升级，加快发展现代服务业，以国际标准为目标，提高我国的产业发展水平，促进我国产业的国际价值链地位的提升。

面对当前的国内环境，我国所采取的政策措施不应该仅仅局限于产业政策和贸易政策。根据党中央的明确指示，我们应当从产业和贸易两方面出发，双管齐下，以应对国际环境的不断变化，同时强化贸易政策和产业政策协调，形成具有中国特色、高水准、高质量的出口品，提高我国产品在国际市场上的竞争力。此外，我国需要通过提高技术水平，进而提高产品附加值，发展服务贸易，推动对外贸易平衡发展。

在产业转型方面要做到支持传统产业优化升级，加快发展现代服务业，将中国产品的质量和水平提升到一个较高的国际水准。当前我国供需矛盾产生的一个重要原因就在于我国目前处于价值链的低端环节。因此，我国供给水平难以与日益增长的需求水平相匹配，造成我国低端产能过剩而高端产能有效供给不足的现象。我国产业转型的一大目标便是促进我国产业迈向全球价值链中高端，打造若干个具有高水准的世界级制造业集群，改进我国的基础设施的建设水平。严格按照习近平总书记的指示，做好供给侧改革中的"三去一降一补"工作，即去产能、去库存、去杠杆、降成本、补短板。根据需求结构进行供给侧的调整，加强技术创新，扩大优质的产品供给。通过实行产业技术政策激发企业的创新动力，为产业转型做好技术上的保障。创新是发展的第一动力，提高创新能力需要企业家具有勇于探索的创新精神。因此，对创新活动予以补贴、对重大的技术创新给予奖励有助于鼓励更多的社会主体开展创新活动。大力弘扬劳模精神和工匠精神，建设具有高知识水平，高技术水平以及创新能力的劳动者群体，营造劳动光荣的社会风尚和精益求精的敬业风气。

在对外开放方面要做到推动形成全面开放新格局。中国的近代史告诉我们，开放带来进步，封闭必然落后，中国开放的大门不会关闭，只会越开越大。在新的时代背景下构造新的产业政策与贸易政策的协同发展体系，以共商共建共享以及互利共赢为原则，培育新的贸易模式，推动贸易强国的建设。以"一带一路"建设为媒介，拓展我国对外贸易新格局。坚持引进来和走出去并重，积极引进具有高新技术的外商，利用外商在技术层面的支持为我国经济发展注入新的活力。

此外，我们还需要优化区域开放布局，形成更为优质的贸易区。我们应当紧跟时代前沿，认真学习十九大精神和中央政治局会议精神，结合我国新时期所面临的国内和国际环境，及时响应新时期我国产业与贸易政策协同发展的迫切需求。

第二章　国内产业转型升级诉求下产业与贸易政策协同发展的需求[①]

本章主要研究国内产业转型升级诉求下产业与贸易政策协同发展的需求，具体分四个小节阐述。第一小节重点分析了新时期国内产业转型升级的现状，识别了在新时期中国产业转型升级下经济平稳健康发展的三大主要障碍，分别为产能过剩、产业发展方式以粗放型为主、产业价值链仍处于中低端。第二节从产业与贸易政策的角度梳理当前产能过剩形成的主要原因，并通过对日本、德国的案例经验进行总结，分析我国去产能诉求下产业与贸易政策的协同发展需求。第三节从产业与贸易政策的角度梳理当前粗放型产业发展方式形成的主要原因，并通过对美国、日本的案例经验进行总结，分析我国产业发展方式转变诉求下产业与贸易政策的协同发展需求。第四节从产业与贸易政策的角度梳理当前产业价值链仍处于中低端形成的主要原因，并通过对日本、韩国的案例经验进行总结，分析我国价值链提升诉求下产业与贸易政策的协同发展需求。

第一节　国内产业转型升级的现状

进入新时期后，中国经济面临的外部需求不景气、供需结构不匹配、传统要素优势成本丧失等多重困境逐渐显现，而其中供需结构不匹配问题尤为严重，对此习近平总书记正式提出"供给侧改革"。供给侧改革最重要的任务就是对中国的供给结构进行调整、改革，具体而言，就是淘汰落后的、多余的、无效的供给，增加先进的、有效的、新的供给，充分发挥市场的资源配置作用，以提高经济运行的效率。只有真正落实供给侧改革，做好补短板工作，才能够解决原有的产业结构存在的产能过剩、粗放型为主的产业发展方式以及价值链仍处于中低端等问题。推进供给侧结构性改革，并非仅仅是数量结构的调整，而是整个产业结构的变革和升级。因此，供给侧改革需要通过产业转型升级来加以推动。国内采用产业转型升级作为供给侧改革的主要手段，使原来的低附加值产业可以往高附加值产业的方向上升级，使原来高污染、高能耗产业可以往低污染、低能耗产业的方向上升级，使原来粗放型产业发展模式可以往集约型产业发展模式升级，以此提高产业价值链地位，并且进一步促进中国经济发展补短板的目标，实现产业结构转型升级，促进稳就业、稳金融、稳外贸、稳外资、稳投资、稳预期工作。然而，产业转型的顺利实现依赖于配套产业政策的实施。合理的产业政策可以提高企业的创新能力，进而为产业转型提供原动力。此外，产业政策的合理性也有利于促进产业结构的升级和优化，从而减少资源错配的现象，

---

① 本章由暨南大学产业经济研究院梁烷钧执笔。

使资源得到更有针对性和更充分的利用。在我国产业转型过程中，相关产业政策的制定应当以我国当前的供需矛盾为基本点，紧紧围绕我国的供给侧结构问题，解决我国中低端产能过剩以及核心技术缺失等问题。

加快国内产业转型升级已然成为社会共识，但是转型升级是一个长期缓慢的过程。发展中国家推动产业转型升级面临着多方面的挑战与竞争，包括发展中国家自身的技术创新、制度创新、劳动力素质等方面的挑战。当前，我国供给侧结构主要表现出中低端产能严重过剩，而位于高端价值链的产品由于技术等条件不成熟，呈现出供给不足的现象，产业发展存在技术短板。由于核心技术的缺失，我国供给体系与需求结构不完全匹配，有效供给不足的问题日益凸显。新时期，中国强调产业转型升级，这不但是我国发展成为制造强国的主要手段，还是实行深化供给侧结构性改革的重要着力点，也是我国新常态下能够进一步实现经济平稳健康发展必须迈过的坎。在新时期中国产业转型升级下经济平稳健康发展的三大主要障碍，分别为产能过剩、产业发展方式以粗放型为主、产业价值链仍处于中低端。

一、产能过剩

产能过剩是企业所拥有的生产要素数量、组织技术条件等所代表的生产能力持续显著地高于有效需求所造成的开工不足、生产闲置和企业利润显著下降的经济现象。根据国际标准，不同的产能利用率代表了不同产业的产能水平。若一个产业的产能利用率超过90%，则代表这个产业是产能不足的；而如果一个产业的产能利用率在79%至90%之间，则代表这个产业的产能水平为正常水平；而如果一个产业的产能利用率低于79%，则证明这个产业是产能过剩的；若低于75%则是严重的产能过剩。据国家统计局2018年发布的数据，2018年上半年，全国工业产能利用率为76.7%。其中，第二季度全国工业产能利用率为76.8%。分三大门类看，在第二季度，我国的采矿业产能利用率为73.3%，与上年同期相比回升了1.9百分点；制造业产能利用率为77.2%，同期相比大约下降0.4百分点；在热力、电力、燃气及水生产和供应业中，产能利用率为72.8%，同期相比回升了1.7百分点。由国家统计局的数据可见，我国目前各产业仍处于产能过剩阶段，去产能的任务艰巨。我国水泥、钢铁、汽车、煤炭、电力等行业都无一例外地出现较大的产能过剩现象，制造业平均产能利用率较低，这不利于我国经济平稳健康发展。

根据中央经济工作会议判断，我国当前产能过剩的问题严重，非常不利于我国的产业结构升级，与转型的需求产生了极大的矛盾，我国将保持"三去一降一补"的目标，并采取措施深化供给侧改革。目前，大多数中国企业依然凭借低成本获得在竞争市场上的优势，因此中国企业的创新动力不足。同时，中国企业为了能快速实现盈利和规模扩张，往往会过于追求短期内的利润最大化。由于我国政府需要拉动GDP的增长，因此鼓励部分企业进行大规模的要素投入。然而，创新活动本身就具有较大的不确定性，很多时候企业往往无法获得成功的创新成果，或者难以在市场销售中收回创新活动中支出的成本。在去产能方面，我国将推进钢铁、煤炭以及其他产能严重过剩行业的过剩产能化解工作。一方面，我国将以市场为基准，以法治为手段，严格控制各行业的质量安全、能耗数量、环保落实度，保证行业严格遵守法律法规的要求，通过提高行业门槛淘汰落后产能，并加大力度促进转型的企业进行兼并重组，使更多的"僵尸企业"转换其发展模式，以达到产业结构转型升级的目标；另一方面，积极支持中国工业企业对外交流，输出产能与技术，提高出口产品附加值。在工作一步步落实的前提下，过剩产能逐步淘汰，"僵尸企业"的数量也明显减少，制造业的产能利用率也慢慢开始上升，供给侧结构有了明显的改善。目前，去产能进入攻坚阶段，需要面对的都是"难啃的硬骨头"，我国需要大力推进产业转型升级以促进经济健康发展。

二、粗放型为主的产业发展方式

我国工业化发展具有增长速度快、能源消耗大、污染严重的特征，工业化推进依靠增加投入、铺新摊子、追求要素数量来实现，以自然资源的消耗、生态环境的消耗、人力资源的消耗为代价来推动产业、制造业、工业快速发展，加剧了能源供求矛盾和环境污染状况，形势十分严峻，节能工作面临更大压力，与发达国家相比或者与世界平均水平相比，我国经济增长方式仍然表现出较为粗放的特征，影响了中国经济平稳健康发展。

首先，我国资源的资源利用率低，国内能源利用效率和环境污染现状令人担忧。中国每千克油当量创造的 GDP 占比较低，仅仅为意大利的 41%，日本的 53%。同时，我国的煤炭消耗量巨大，我国东部地区的煤炭消耗平均水平是全球平均水平的 12 倍，经济发展方式粗放，经济水平的上升以资源的大量消耗为代价。改革开放以来，全国工业部门对中国 GDP 平均贡献了 40%，但是却消耗了近 80% 的能源，这都表现出了中国产业经济发展方式中粗放型的特征。其次，污染排放强度高，生态遭到破坏，环境污染日益严重。中国的能源消耗以化石能源为主，迅速增长的能源消耗和以化石能源为主的能源结构，使中国的能源消耗增加，碳排放量也因而迅速增长。2015 年，我国的碳排放量大约是 91.54 亿吨，占当年世界二氧化碳排放量的 27.3%。随着全球人民对全球气候变暖现象的不断关注，我国面临着巨大的节能减排压力。根据《环保部环境质量公报》，2016 年我国环境质量问题依然严重，各城市发生重度污染累计 2 646 天次，严重污染累计 784 天次，污染十分严重，对环境的破坏较大。其中，城市 PM2.5 污染严重，在重度及以上污染天次中，以 PM2.5 为主要污染物的占 80.3%。酸雨对我国的危害也十分严重，我国酸雨主要集中在工业比较发达的地区，如广东中部、浙江、上海、江苏等地区，酸雨对建筑物的腐蚀、对河流湖泊以及土壤的污染等问题，严重影响了人民的生活与健康。我国的水污染问题也不可忽视，上海全域、江苏和浙江部分海域、海水为劣四类海水，全国近海海水质量只有少数海域是一类海水，水污染大多数是金属和重金属污染，这也是我国工业发展方式粗放造成的后果。

习近平总书记指出："绿水青山就是金山银山。"生态环境与经济发展之间具有较强的关系，只有正确认识到这一点，才能有正确的理论指导，才能有正确的发展路线和方针。中共十九大以来，党中央、国务院高度重视生态环境问题，并通过不少的调整措施，使生态环境恶化趋势得到了明显的遏制。2015 年，针对中国经济新常态，党中央明确提出了"创新、协调、绿色、开放、共享"五大发展理念。然而，我国目前的经济发展方式跟国际的平均水平还存在不少的差距，需要针对绿色发展的根本问题，力争摆脱我国目前产业粗放型发展方式，向集约型发展方式靠近，为追赶发达国家探索一条新路，从而实现中国"两个一百年奋斗目标"。产业发展方式以粗放型为主这一主要障碍将持续影响我国产业转型升级的步伐，我们要重点关注，并通过一系列政策与实际行动摆脱这一困境。

三、产业价值链处于中低端

改革开放40年，我国产业已经走过了规模扩张、由小到大的上半场，工业总产值、主要工业品产量、进出口总值等多项规模体量指标实现了对发达国家的赶超，成绩有目共睹。但我们必须清醒地认识到，我国产业总体处于中低端水平，在当前的国际分工格局中，发达国家仍然牢牢把握着核心技术、关键零部件制造、供应链和品牌等高端环节，我国仍处于产业链低端、价值链底部，长此以往，将影响我国经济增长。由于高端技术创新能力不足导致我国产品附加值低，位于价值链的中低端，难以与追求高质量产品、高品质生活的需求结构相匹配。目前我国的高新技术产业发展不成熟，许多技术密集型产业如新材料、新一代信息技术、高端装备、生物医药发展水平并不成熟。在美国实行的反倾销和反补贴等贸易摩擦的制约下，企业的盈利能力受到了严重的影响。

2017年，我国加工贸易进出口总额为1.2万亿美元，占我国同期外贸进出口总值的29%。我国加工贸易发展迅猛，对促进就业和经济发展有一定作用。然而，由于加工贸易自身的缺陷和脆弱性，产业价值链短，技术含量低，加工利润少，对相关产业带动作用小，对海外市场依赖大，且对要素成本优势具有很高的要求，需要引导转型升级。我国工业仍处于产业链低端。低端与中高端产业发展不均衡导致了资源错配问题十分突出，因此，如何利用产业政策合理配置资源、优化供需结构是我国在产业转型过程中面临的挑战。目前，我国工业企业的确存在比较明显的资源错配现象，资源错配对我国产业结构的合理性造成了一定冲击。由于技术密集型产业的技术壁垒较高，我国的资源配置更倾向于将资源投入到对技术要求较低的中低端产业。虽然我国大力推行产融结合、积极实施制造业转型升级，但从整体来看，工业生产仍处于产业链中下游，产品附加值不高，技术含量不高，这直接导致了工业企业利润水平遭遇瓶颈。我国产业技术政策的缺位导致创新动力不足，使得企业主要通过资源投入和产出的数量扩张来强化竞争能力，价格竞争成为获取市场份额的主流手段，而不是通过自主创新能力提高和质量的改善提高企业的竞争力。因此，我国迫切需要调整产业技术政策以寻求价值链地位的突破。

随着资源要素禀赋的变化和工业城镇化深入推进，我国产业发展进入了下半场，劳动力成本优势减弱，要素驱动、量能扩张的传统增长模式难以为继，我国需要走产业转型升级的道路，对产业进行补贴以及税收优惠，进而对企业研发创新效率产生影响，提升企业研发投资的创新产出数量与质量，迈向产业价值链中高端水平，提质增效、由大到强，以实现经济的平稳健康发展。

第二节　去产能诉求下产业与贸易政策协同发展的需求

一、产能过剩形成原因

产能过剩显示企业的生产能力大于企业外部需求，容易造成资源、能源的浪费，不利于国家经济的可持续发展。中国在加入 WTO 以后，钢铁、光伏、煤炭等产业发展迅猛，但由于国内各产业盲目扩大产能，导致相关行业出现产能过剩的现象。在新时期下的发展背景，中央经济工作会议提出，要进一步推动我国的产业结构转型，淘汰过剩产能，避免资源和能源的过度消耗与浪费，提高产能利用率，实现经济发展的高效性。我国已经对淘汰相关落后产能提出要求，希望通过对煤炭、煤电、钢铁等落后产能的淘汰，促进产业结构升级，但仍存在政策结果达不到预期效果的情况。对于去产能的措施，我们不能犹豫彷徨，也不能畏首畏尾，而是要坚定不移、持之以恒，更要准确实施、落到实处。以下从产业与贸易政策的角度梳理当前产能过剩现象形成的主要原因。

1. 产业政策与贸易政策的制定无法适应产业发展的规律

在产业结构升级初期，我国出台了《产业结构调整目录》等产业政策以引导国内的投资方向，借以帮助我国劣势产业发展，减少对进口的依赖，并同时实施反倾销的贸易政策对我国产业进行保护。我国的相关产业在产业政策的扶持与帮助下，享受到了大量的补贴、税收等优惠政策，同时，由于反倾销政策对外资企业的产品进入国内市场进行了限制，大大地提升了国内企业的投资意愿，对我国产业的产能利用率提升提供了很好的环境，使我国企业加大相关设备的购置并大大地加快了产业产量的提升，但是这也造成了产能过剩现象的出现。随着政策逐渐落实，我国产业持续发展，逐步从进口依赖向出口导向转变，而且产品也在国际市场上具有一定的地位，能够抵抗国际市场的激烈竞争。在这个时期，相关产业和贸易政策应该根据产业的发展进行调整，然而在这种新的变化下，政府部门没有相应地调整产业与贸易政策，致使产业的产能一直高速增长，出现企业产能的供给大于企业需求的现象，而由于国内的市场在此时已经接近饱和，企业只能通过扩大外需的方式消耗多余的产能，出口多余的产品消耗企业的过剩产能。企业在消耗过剩的产能时，使用低价策略扩大市场份额，造成了价格的恶性竞争，同时，由于政府的大量补贴、企业采取低价的策略仍然可以得到经济收益，导致企业继续扩大产能，实现利润最大化。产业与贸易政策不能很好地结合产业发展的规律对产业发展进行指导，使我国产业长期处于鼓励加大企业产能的政策环境下，导致产能过剩。而企业的低价占领外国市场份额的策略受到了外国企业的抵制，导致我国遭遇了许多反倾销和反补贴调查，这个时候才开始调整相关的产业政策遏制产能的过度增加，已经降低了产业政策的时效性，导致政策的实施结果不理想。由此，我们可以发现，我国产业与贸易政策的实施并不能很好地结合产业发展的形势，缺乏动态性和相应的调整，是我国产能过剩现象出现的重要原因之一。

2. 鼓励出口类贸易政策下产业转型政策的缺失

我国在进入世界贸易组织之后，开始大力鼓励企业出口，采用产业政策与贸易政策相配合的措施，使企业的出口量显著上升，产业高速发展。进入 WTO 后的第九年里，我国货物进出口总额累计约达 15.73 万亿美元，是我国进入 WTO 前 8 年累计总额的 3.6 倍，由此可见，我国政策对出口具有极大的正向促进作用。然而，此时的产业发展大多都是低水平层次上的规模扩大，产业政策在制定过程中并没有实现产业结构的升级，忽略了技术升级与企业创新，对企业保护过度，没有让企业真正成长以提高其竞争力。而由于缺乏研发技术，产品的技术含量偏低，我国企业的产品缺乏核心竞争力，只能通过价格优势获取市场份额，又由于外国企业的抵制，企业多余的产能只能销往国内市场，但因数量巨大难以消耗，进一步加剧了产能过剩的局面，给我国的产业转型升级带来了重大的打击。由上可知，产业转型政策的缺位影响了出口贸易政策实施，造成了产能过剩的局面，使我国企业遇到了很大的困难和挑战。

3. 知识产权保护制度不完善以及引进外资政策与行业竞争政策的冲突，影响了产业政策与贸易政策的预期效果

我国出台了《外商投资产业指导目录》，而且每隔一段时间就会对其进行调整和修改，以引导和规范外商在不同产业的投资行为，这是我国贸易政策的一个重要的内容，并且与产业发展政策不断配合，以达到促进产业快速成长并实现结构升级的目标。然而，外资政策在实施过程中产生了违背初衷的结果。尽管我国在对知识产权的保护方面取得了巨大的成就，通过二十多年的发展，已经形成了符合国际基本要求的知识产权保护法，并制定了其他有关的知识产权的法律、条例。但我们应当清醒地认识到，与发达国家相比，我国的知识产权制度开始建设的时间较晚，且建设历史不够长，对知识产权的保护不到位，尚且存在很大的问题，产权保护的总体状况与我们国家的经济社会建设要求不相适应。我国产权保护主要存在侵权成本低、维权成本高等问题，而进入我国的外商往往拥有高科技技术，当外商的高科技技术以及研发成果难以得到有效保护时，外商就会缺乏进入中国的动力。因此，缺乏完善的产权保护制度会使得外商不愿意在我国投资建厂，我国难以有效利用外商投资企业的技术溢出解决中国本土企业在技术、知识、管理、人才、创新等方面的不足，从而难以提升我国产业的价值链水平。一方面，我国的产业知识产权保护制度的不完善，已经导致我国在吸引外资的过程中，缺乏对高质量外资的吸引力，导致很多高水平的外资并不能进入我国各个产业中，不能带动产业技术的创新、产品质量的提升，反而使投资在低水平建设上不断重复，造成产能过剩；另一方面，随着我国对外商投资优惠力度的加大，外资企业逐渐改变对我国出口的策略，变成对我国的直接投资，使我国产业中的外资比例不断加大，外资企业成为我国企业强有力的对手，争夺了许多国内的市场，而国内企业由于竞争力不足，在市场上就更加难以站稳脚步，难以抵抗外资企业的竞争。由此可见，产业与贸易政策无法协同对外商投资进行限制，加上知识产权保护制度的不完善，对产业与贸易政策的实施效果造成了较大的影响，无法达到预期效果，使我国产业在外资的驱动下走向产能过剩。

二、国际去产能案例的启示

产业结构变迁遵循一定的经济规律，当产业从一个阶段往新的阶段转移的时候，就会

不可避免地遇到产能过剩的现象。进入新世纪以来，各国的外部需求都会迅猛增长，因此国内会不断加大基础设备的建设，增加资本投入，以此不断扩大生产力，生产更多的产品并出口，使国家的经济收益更大。然而，当新的危机到来或者国际形势发生剧烈变化的时候，国际上的国家同样需要实行相应的产业政策与贸易政策，不断调整自身的产业结构，使国内摆脱产能过剩局面。

1. 日本的经验启示

20 世纪 70 年代，日本出现了产能过剩的问题，导致企业难以继续前行，国民经济也难以进一步健康发展。其导火线来自 1973 年爆发的第一次石油危机，日本的经济增长速度从高速转为中速，同时国内需求不足，而且世界的经济速度减慢，使日本出现了比较严重的产能过剩现象。相对于 1969 年 97% 的制造业开工率，在 1973 年后的 9 年内，制造业的开工率平均为 73.9%，由此可以看出，日本在当时出现的产能过剩的形势是比较严峻的。而且，在 1973 年之后，日本的平均最终消费支出下降，从原来的 8.23% 下降到 2.9%，国内有效需求严重不足，这进一步加剧了国内产能过剩的状况。同时，日本也遇到了来自国际社会的巨大外部压力，由于日本对美国的贸易顺差不断加大，使日美贸易摩擦不断加剧，美国要求日本提高日元汇率，迫使日元升值，造成日本经济面临极大的压力。在此期间，日本在国内急需进行经济结构转型升级，政府和企业都积极采取不同举措，以帮助日本摆脱产能过剩的困境。日本政府提出了经济计划、国土开发计划与产业政策来引导经济的转型升级，并通过促进产业政策和贸易政策之间的相互协同，进一步去产能，实现经济转型。但是，日本实施的这些计划跟中国的计划经济的计划不一样，只有指导性，没有指令性作用。企业同时也大力支持政府的计划，根据当下的经济环境形势，采取对国家经济转型升级有益的措施。

日本在国内实施的经济计划，其主要内容是稳定物价，给市民创造舒畅的环境，让市民过上稳定富裕的生活，并努力开展与其他国家的国际合作。日本的经济计划中详细地提出了各种小目标，其中包括加强社会保障、抑制通货膨胀、实现贸易均衡等。日本这个时期提出的经济计划具有重要的意义。这个计划准确地把握了日本国内外的经济形势，向国家的未来展望提出预期性目标，并且使政府与国民之间就社会经济发展和其他政策目标达成共识。而且，这个经济计划是从经济整体的立场出发，并非仅仅是从某一个领域的角度制定目标，目标配上相应的有效的政策建议，所以具有全面性和普遍适用性，使国民对国家的未来发展有更明晰的了解，能够对国民的经济行为发挥更好的指导作用。整体看来，这个经济计划的前期研究、中期制定、后期实施监控过程都是与日本当时的环境、国民真正的需求密切关联的，政府跟国民之间具有良性的互动与沟通，对国家的发展具有重要意义。

日本的国土开发计划一般是一个中长期计划，年限长度为 10 年至 15 年，但是由于 1960 年后日本的经济环境变幻莫测，以至于在 1962 年至 1977 年这十五年内，日本前后实施了三个国土开发计划。第一次计划是以带动少部分新产业城市和工业建设特别区为目标，对十五个城市和六个地区进行重点建设，实行"据点式"开发。由于 1969 年日本经济发展飞速且高于预期，因此，日本实施了第二次计划，并提出了"大规模项目"开发模式。但是由于 1973 年爆发的第一次石油危机，日本结束了经济的高速发展，《第二次全国综合开发计划》并没有达到预期的目标，计划的假设背景不再符合实际，很多大规模的项目不能如期实行，日本被迫结束第二次计划，由此制定第三次计划并在 1997 年开始实施。由于《第三次全国综合开发计划》跟日本国内的需求相适应，符合日本转型升级的目标，其提出的"定居构想"开发模式，使国家把重点转移到国民的生活质量上，不再一味地追求经济的发展，并在后来发展到"以人为本、与自然和谐相处"的发展基调上，这成为日本经济发展重要的转折点。基于"以人为本，与自然和谐相处"的观念，日本政府大力发展新能源技术，希望通过发展清洁能源来替代石油等高污染能源资源。因此，日本提出了"日光计划"与"月光计划"，提倡使用太阳能、地热能等新能源，并强调加大能源的使用与开发力度，提升能源利用率和回收率，鼓励生产厂家通过新技术降低家用电器的耗电量，发展节能汽车。日本政府同时提出了《石油紧急对策纲要》，其主要目的是通过相关法规规范企业行为，开展节能消费运动，鼓励利用新能源替代石油资源或者对石油的使用进行指导，保持物价稳定和确保能源供应，使国民的生活和国民经济有条不紊。为了响应这个计划，政府从自身做起，带头减少了 20% 的官厅用车，电灯也有 1/3 被熄灭，并对计划执行制订了比较详细的措施，例如政府对大量使用石油的多个行业（钢铁、汽车、轮胎、化纤、水泥、平板玻璃、纸浆）的企业以及电力在 3 000 千瓦以上的耗能较多的企业，都进行了节能的特殊指导；同时，日本政府对娱乐行业与流通行业做出了规范，缩短了这两个行业的营业时间，以此减少石油的使用与消耗率。在石油相对不那么紧缺之后，日本政府又推行了一系列用于节约能源的措施，如政府为了促进节能设备的引进与使用，在税制方面，对能源、资源利用率较高的设备创设了特别折旧制度，并对设备购买设立了优惠贷款制度，使节能设备的引进与使用得到了大力的支持。不仅政府，企业也对节约能源资源做出了很大的贡献，企业在政府的推动下不断推广节能技术，大大地改善了企业的耗能情况，对于建筑和机电行业，企业做出了很多技术上的突破与创新，通过技术实现了节能效果。企业的这种节能行为，减少了能源的消耗，保护了自然环境，通过技术的提升大大提高产能利用率，避免大量企业出现产能过剩的现象。企业还为减少产能过剩做出了不少努力。由于企业在日本经济高速增长时期大量购置设备，扩大产能，导致在经济萧条时期形成大量产能过剩，于是企业在石油危机爆发之后，纷纷缩减产能，通过出让资产等方式积极归还借款，以此减轻自身负担并加快摆脱产能过剩的困境。企业在此阶段还采用减少雇用临时工人、不再扩招新的员工的方式减少企业人员的冗余，同时以精简企业的组织队伍等较为温和的方式调整企业的人数，促进企业自身摆脱产能过剩的困境。不仅如此，企业还通过抑制企业规模的扩大实现减量经营，改善企业的技术和固定资本，降低企业产品的单位制造成本，提高企业产品的全要素增长率，以此扭转产能过剩的局面。

日本的产业政策对国内资源配置产生了一定的指导作用，虽然没有起到主导支配作用，但是对日本国内的产业发展也产生了不小的影响。在 19 世纪 60 年代，日本经济处于高速发展时期阶段，日本的产业政策主要是为了保护幼稚产业和促进产业发展。在 19 世纪 70—80 年代，日本遭遇石油危机而面临经济结构转型的阶段，日本的产业政策主要是对结构性萧条产业进行调整以及促进高新技术产业的发展。日本产业政策的目标是淘汰高能耗、高污染的产业，实现节能减排，减少对石油的依赖，以实现去产能、结构转型的目标。为了这个目标，日本的经济发生了较大的变化，淘汰了许多高污染与高能耗的行业或者大量地削减其产能，对不能淘汰的重要产业实行技术升级并重新改造，例如对钢铁、造纸、水泥、电力等耗能的产业都设定了去产能目标，使相关产业的技术水平达到要求，使工业化发展的重点向汽车、机械、电子等附加值高、劳动力吸纳能力强的产业转移。日本政府为了这一目标，制定了不少举措，其中具有直接关系的是提出了《70 年代产业结构设想》，提出大力支持并发展知识密集型产业，其中主要指通信设备、计算机、半导体、办公设备、咨询服务等，以求达到通过技术促进产业结构转型目标的实现，使产业结构向节能型、高附加值型结构转化。日本政府通过鼓励民间的研究开发创新活动促进产业转型升级，例如，日本的半导体技术是政府与学者、企业共同合作使技术得到突破与重大发展的成果，这种发展离不开政府连续 20 年的大额投资和学者、企业的投入与潜心研究。正是政府的决心与毅力，带动了许多企业的积极性，使学者与企业更加安心、用心地投入到研究当中。短时间内，日本的科学技术得到了高速的发展，国内不同行业具有高素质的人才队伍对市场的需求进行研究并对产品进行研发，主动占领新的市场，获取了重大的进步，使日本的产业结构成功地转型升级。日本企业也为产业结构转型升级做出了很多努力。在新的环境形势下，日本企业放弃了之前模仿欧美的技术发展方式，转而开始进行自身的新技术研发，虽然与模仿技术相比，自身创新研发十分耗费企业的成本，而且失败的风险更大，但是在新的环境形势下，日本企业纷纷开始进入自主研发的领域，积极进行创新技术研发，这也是日本在 19 世纪 70—80 年代在电子、家电、汽车等领域研发了许多先进技术的原因，也为日本汽车与家电等品牌在世界范围内都具有较高的地位奠定了坚实的基础。正是由于企业的不甘落后、积极创新，才换来了其技术的进步与发展。整体来看，日本这次的产业结构调整十分成功，各行业都得到了质的发展，日本的许多资源型产业纷纷向技术密集型发展，降低了国内的产能过剩。日本的电子、家电产业、汽车产业的平均水平超过了美国，例如，1980 年日本的汽车产量超过 1 000 万辆，超过美国位居世界第一，使汽车产业成为日本的支柱产业。尤其对于汽车产业与家电产业，都是耐用消费品行业，社会的需求量大，附加价值大，产业链条长，具有较强的劳动力吸纳能力，选择发展这些产业，也是日本结构转型获取成功的关键之处。

由此可见，日本一方面指导本国产业实现技术升级，以此获得产业转型升级，去掉过剩的产能；另一方面引导并大力支持国内企业出口本国的高新技术产品，如电子、家电、汽车等，以相互协调与配合，促进去产能且获得了极大的经济收益，这是一个值得我国学习的经验性案例。

2. 德国的经验启示

德国作为全球排名靠前的制造业强国，在 2008 年的金融危机之后，其经济萎缩了 4.7%，而这跟德国装备与汽车制造业的外部需求下降有密切的关系。面对经济冲击下产能过剩的问题，德国具有值得我国借鉴的独特的辩证思维经验。德国企业文化强调，一个企业没有核心竞争力，迟早会被市场淘汰。而德国政府和企业都认为，产能过剩就是企业缺乏竞争力的表现，对于国内的落后产能，企业越早淘汰越好。对于产能过剩的定义，德国政府认为，产能过剩描述的是企业的产能设置，只要企业在短期和长期经营中都不会亏损，就不属于落后或者要淘汰的产能。

由于德国企业在对待投资上大多数小心谨慎，所以收益都比较高，对没有投资价值的产品、赚不到钱的投资，德国人都非常慎重，因此，德国企业一旦出现产能过剩的迹象，就会自动调整，不会走到难以挽回的地步。而且德国的行业协会，对于帮助企业发现或者预见产能过剩的现象发挥着很大的作用。德国行业协会向企业提供信息和咨询的服务，通过提供一系列的分析数据和资料，例如新公布的法律、国内外经济形势的分析、国内外的商业信息等，使企业对整个经济形势和环境有一个较为详细的了解，对自身未来发展定位更加清晰。在对企业提供发展意见时，德国行业协会解决企业在运营中遇到的各种问题，对企业的运营状况进行评价，对运作效果不佳的企业进行提醒，并帮助企业解决困难，理清思路，提供相关的技术支援。因此，德国企业在预防和摆脱产能过剩上具有较大的优势。同时，德国在贸易方面实施开放政策，使德国企业始终瞄准国际和国内市场，在技术升级与提升自身实力的基础上保持长远的目光，积极参与国际市场竞争，使企业在良好的产业环境与贸易环境下更好地发展。在国内产业政策与贸易政策相互协同的推进下，德国企业将产能利用率保持在一个较为稳定的水平，并不断占领国际市场份额。

德国在控制产能过剩上有一个较为经典的例子，即德国在新能源产业上战略性停止。德国作为全球最具有雄心的国家，颁布了《可再生能源法》改革草案，对本国设定太阳能、风能发电量的上限以减少产能过剩，同时停止对相关发电厂的补贴，并取消了绿色电网的补贴，对再生能源的发展减弱了支持力度。究其原因，德国认为对新能源产业过多的补贴有可能会导致产能过剩和市场上的价格扭曲。在德国汉堡，其郊区的风力发电机经常处于关闭状态，风力发电过剩导致发电量大于德国用电需求，而不合理的补贴甚至会使消费者的用电开支大增，而且这种补贴的成本除了政府负担以外，多出的部分会被转嫁到消费者身上，巨额的补贴导致政府实行了限制绿色电力发电的行为。由于电网改造的滞后导致德国的风力和太阳能发电无法满足德国的整体需求。德国的风力和太阳能发电具有时间限制性，而且德国的风力发电大多数集中在德国北部，导致风力和太阳能发电无法满足不同时间与不同地区的电力需求，在某些时间段和某些地区电力会出现过剩的情况。这些现状都代表德国当下不能过快发展新能源如风力与太阳能等，否则只会带来产能过剩，导致新能源产业无法与社会协调地发展，难以达到可持续发展。这是德国在颁布促进新能源产业发展的产业政策时，发生的与德国企业的整体状况不一致的情况。德国的新能源当时没有形成足够的内部与外部需求，在实施产业补贴政策下，造成新能源及其设备的泛滥，且缺乏相应的促进新能源使用或出售的贸易环境，两种政策的协调欠缺导致产业政策的失利，因此，德国选择了收缩战略，使新能源产业更加均衡与协调发展。

三、去产能诉求下产业与贸易政策的协同发展

通过对我国产能过剩的原因进行分析与对去产能的相关国际案例的研究，本小节为我国去产能诉求下产业与贸易政策协同发展提出以下建议：我国要通过产业政策与贸易政策协同解决在产业发展中出现的产能过剩问题，目前我国产能过剩问题较为突出的行业有钢铁、电解铝、船舶、水泥、平板玻璃、光伏等，这些行业产能大于实际产量，实际产量同时也大于市场需求量，使企业发展面临着极大的考验。我国在质量、安全方面监管不严，许多企业不严格按照政府设立的规定执行，通过降低产品质量的方式降低产品成本，造成

低水平产能的过剩，控制产能过剩的产业政策仍然欠缺。同时，相关产业享受了大量的税收优惠政策与补贴政策，但不少企业并没有把这种优惠落到实处，而是直接用于降低企业的产品成本来促进出口，使优惠政策不能支持相关产业淘汰落后产能，反而成为淘汰落后产能的绊脚石。而且，吸引外资的政策导致我国相关产业的本国企业比重较小，可能会对我国企业造成倾销，从而影响企业的生存发展与企业的结构升级，不利于企业的真正发展壮大。我国应该通过完善相关知识产权制度，使外商在华投资提高企业的技术创新效率，增强我国企业的技术创新能力。我们引进的外商投资企业往往掌握着更为先进的技术和拥有更强的技术创新能力。在引进这些外资企业后，我们就可以通过来自外商企业的技术外溢效应来改善我国的技术水平。技术的扩散主要通过外资企业所使用的产品和技术来实现。外企的设备、内资企业和外资企业的员工接触以及客户技术资料的扩散，都会对内资企业产生技术示范效应。因此，我国必须借鉴与总结国际上各国的经验教训，通过贸易政策与产业政策协同作用，合理引进外资与合理提供补贴，促进研发技术的提升，提高产业产能利用率，摆脱过剩产能的局面，以此实现企业的高效率与高收益，真正实现我国的产业转型升级。

第三节　产业发展方式转变诉求下产业与贸易政策协同发展的需求

一、粗放型产业发展方式形成原因

改革开放之初，我国选择了粗放型的产业发展方式，从历史角度来看，这种产业发展方式是与当时我国经济发展的战略定位、科学技术发展水平、产业发展水平、资源相对价格、所处国际经济环境、经济制度特征等相联系的，因而具有历史合理性。但随着我国经济的不断发展，所面临的现实问题和产业转型升级所具有的条件已经发生根本性的变化，粗放型发展方式已经不可能继续支撑产业健康、协调和可持续发展。由于产业偏向粗放型，在我国工业生产和能源消费结构中产生各种环境污染对我国的生态环境造成恶劣影响，环境问题既影响可持续发展，又影响企业的盈利能力，使我国难以全面融入全球产业链。2014 年，我国煤炭产量高达 38 亿吨，占世界总产量的 46%，甚至稀土矿产产量占世界总产量的 97% 以上，导致优质资源快速走向枯竭、环境严重恶化、物价不断上涨。我国在暂时还不具备调高能源价格、允许人民币升值的情况下，运用绿色贸易措施和相关产业政策，实现节能减排、促进产业发展方式转向集约型，就显得尤为必要。首先，本节从产业与贸易政策的角度梳理当前粗放型产业发展方式形成的主要原因。

（1）鼓励出口类贸易政策下环保类产业政策的缺位。改革开放以来，我国的经济得到了很大的发展，特别在进入世界贸易组织之后，经济飞速增长，经济增长成果令世界瞩目。我国的制造业发展尤为突出，特别是以工业制成品为代表，在国际贸易出口中占据重要的比例，为我国的进出口贸易提供了重要的动力，也为我国的经济发展提供了较大的推动作用。但是，我国出口的大多数都是高能耗、高排放的产品。虽然我国的对外贸易不断发展，但同时也带来了环境不断恶化的问题，环境逆差成为我国产业转型升级和对外贸易结构升级的重难点问题。例如，我国的碳排放，2005 年对外贸易碳逆差是 1.51 亿吨，但是在 2008 年却是 2005 年的 7 倍之多，达到了 10.92 亿吨，2014 年我国的碳逆差达到11.20 亿吨。由此可见，我国的环境问题十分严重，这是我国大力发展制造业带来的问题，其中石油加工业、纺织业、机械与器材制造业、家具制造业等行业部门对环境污染产生的危害较为严重，使二氧化碳排放量急剧上升。虽然我国的出口贸易有很大的增长，但是对环保产业的引导政策却相对比较缺乏，两种政策的不协同导致了环境资源恶化，使产业发展方式一直处于粗放型，并没有往集约型发展进行转变。同时，由于缺乏完善的节能环保产业发展政策和税收政策等对企业进行约束，加上我国的资源税改革停滞不前，使政策法规没有形成完整的关于节能减排的控制体系，最终导致企业缺乏监管与控制。一方面，企业仅仅追求利润最大化，追求企业自身的价值，忽视了社会的利益，缺乏企业社会责任，不顾可持续发展的观念，以粗放型的发展方式开展企业的运营，销售和出口粗放型产品，对我国的碳排放和环境污染造成了极大的影响；另一方面，政府没有积极调整相关产业与贸易政策，在国内企业占据国际市场份额、逐步提升国际竞争力的同时，错过了转变产业发展方式和贸易结构转型升级的最佳时机，导致国内形成了环境污染、资源紧缺的严重局面，产业发展方式的转变停滞不前。

（2）自由贸易的推进和自贸区的建设过程中缺乏配套的环保产业政策，影响了自贸区的建设效果。以我国的福州自贸区为例，福州保税港区由于规划失误，缺乏前瞻性的考虑，占据了港区后方大量土地资源，后期实施过程与前期计划不兼容且难以调整，导致空间上的失误，破坏了当地的土地资源。由于预留用地不足，福州自贸区必须占据原有的农田、滩涂，通过挖山填海的方式提供更多的自贸区建设空间，把自然景观替代为人工景观，造成了环境与生态的破坏。由于港区以重工业为主要发展对象，大力发展钢铁、修造船舶、能源、化工、机械等重工业产业，造成了当地海域的排污量急剧上升，对当地的渔业养殖造成了极大的危害，降低了海湾的水动力，使当地的产业发展跟渔业养殖业产生了极大的矛盾。同时，由于缺乏配套的环保产业政策与环境污染处理控制措施，当地的资源环境质量大大下降，使自贸区的建立破坏了当地的环境，自贸区的产业发展跟资源保护产业发展相互冲突的问题逐渐凸显。此外，我国的负面清单管理模式没有与国际接轨，虽然这个模式使福州自贸区的效率和透明度得到了较大的提升，吸引了不少外资的投入，加大了外资的利用，却产生了不少的问题。负面清单管理模式没有强化技术效应，对环境保护的结构效应也不明显，相关制度和政策设计并不全面，仅关注当地经济能力的提升却忽视了环境保护、资源保护的标准，而且缺乏相关管理措施，并没有关注环境保护，对环境保护的标准设立不明确，限制条件不够清晰，导致企业发展方式的粗放化。在这种情况下，自贸区的建立缺乏配套的环保政策，产业发展约束较小，对环境保护的重视程度不足，导致高污染和高能耗的粗放型产业发展方式在自贸区下仍然能够存在并扩张，对我国经济的可持续发展与健康平稳发展造成了极大的冲击。

（3）贸易政策缺乏结构导向作用，节能环保领域的知识产权保护力度不强，影响环保产业政策的实施效果。虽然从整体上看，我国近几年的环境保护政策不断增加，例如，颁布和实施了《"十三五"节能环保产业发展规划》《环境保护税法实施条例》等产业政策，对破坏环境的产业形成了极大的约束，并逐步加大力度转换高污染高能耗的粗放型产业发展方式。由过去几年的数据可以看出，我国一些高污染高能耗的行业投资速度开始逐年下滑，例如石油、水泥、化工、钢铁、煤炭等行业，但是仅仅是投资下降并不能完全遏制环境污染较大的行业的发展，我国的进出口贸易对这些高污染高能耗行业发展也有很大的促进作用。我国的进出口贸易增长十分迅速，但是绿色贸易转型政策的发展却十分缓慢，即使我国的环保产业政策不断完善，但是绿色贸易转型政策跟不上环保产业政策的脚步，导致目前以环境保护和转变产业发展方式为导向的贸易政策仍处于十分匮乏的局面，单凭产业政策引导国内投资和消费需求转变，而缺乏配套的贸易政策引导进出口活动向绿色贸易转变，很难实现节能减排的美好愿景。且目前环保政策大多以征收环境税、制定排污标准等约束型产业政策为主，绿色技术引进和绿色技术创新的政策环境尚未完善，加之节能环保领域的知识产权保护力度不强，对绿色外资缺乏吸引力，企业进行自主研发的积极性也十分匮乏，单纯依靠约束型环保政策，而忽略技术创新在解决环境和能源问题方面的重要作用，难以实现我国产业发展方式向集约型转变。

二、国际产业发展方式转变案例的启示

产业发展方式对一个国家来说举足轻重，对国家的环境也有很大的影响。长期处于粗放型的产业发展方式，容易导致国家环境污染严重、资源浪费，影响人民的生活与健康，对社会造成极大的破坏。相反，集约型的产业发展方式有利于环境保护与资源节约，创造更多的经济收益。因此，许多国家都为产业发展方式的转变提出了各种政策措施，但这同时也需要保证产业政策与贸易政策的协同发展，才能发挥最好的效果。

1. 美国的经验启示

对于西方发达国家而言，在治理粗放型的产业发展方式时，通常从环保税的调节入手，许多国家已经利用环保税在国内的环境治理上取得较大的成效。环保税政策由原来的特定用途收费，发展到后来拥有不同的环保税种类，对不同的环境污染物排放采用不同的税率，并对不同的污染源进行税收控制。20 世纪 90 年代末至今，许多国家都开始把环保税应用到自己的财政税收政策中，并开始实施排放权交易等，以达到控制污染排放、保护环境的效果。总体看来，世界各国开始普及征收环保税，同时环保税费一体化进程也在不断加快。各国开始注重环境保护、资源节约，但是由于各国不同的国情，环境保护政策和在环保税上的税费结构设施存在很大差别，环保税开征的具体税种、开征方法也不同。下面将讲述美国的环保税征收发展历史，通过环保税征收案例，总结产业税收政策与贸易政策应该如何协同发展以实现产业发展方式向集约型转变。

美国政府在环境保护方面的征税上形成了全面系统的环保税体系，对会造成环境危害的事物的征税方式都进行了标准化规划，在环保领域中形成了较好的规范和约束，对国内的环保税征收管理比较严格。美国主要提出的税收种类包括对臭氧层造成破坏的化学品消费税以及汽车消费税、轮胎税、二氧化硫税、开采税等，同时美国还对环境保护的企业提供优惠税收政策，以鼓励企业的发展建立在保护自然环境的基础上。而且，美国在提出环保税收政策之后，对税收的实施过程也会进行全面的把控，以达到环保税收落到实处、环

境得到有效保护的目的。美国的环保税由美国的税务部门统一征收并提交到美国的联邦财政部，由美国环保局负责管理，把税收收款用于专项的环保事业。除了美国联邦政府对企业征收环保税之外，各州也可以根据情况向企业征收环保税，或者实施相关税收优惠政策，激发企业参与环境保护、资源保护的积极性，达到地方环境的可持续发展，其中各州征收与汽车税有关的税种最多。美国的环保税征收由于现代化水平较高，征收力度大，税种比较全面，征收部门集中，因此在环境保护中发挥了重要的作用，对企业加速自身发展方式的转变起到了不可磨灭的作用，同时促进了清洁技术的开发与应用，使产业逐渐得到转型。

在实施环境保护税的同时，美国会实施相关贸易政策，通过贸易政策的辅助与环境保护税政策相互协同，既促进美国环境的保护与资源的节约，同时也促进美国的产业发展方式向集约型发展。不仅如此，美国还大力发展服务业，鼓励信息经济的发展，以此增加服务业的比重。美国的信息产业和生物技术产业因此也得到了长足发展，使服务业开始逐渐发展，渐渐成为美国 GDP 的重要组成部分。美国充分利用美元的国际金融货币地位，大力发展金融业，鼓励第三产业的发展。第三产业的环境污染较少，技术含量较高，对环境的破坏较少，对经济的可持续发展有重要的意义。除此以外，对于资源环境密集型产品，美国采取进口非本土生产产品的策略，避免了环境污染和能源消耗的问题。由此可以看到，美国在对本国企业产业发展方式转型的问题上，产业与贸易政策得到了很好的配合，美国对各企业征收环保税，并实施贸易政策使企业的产业发展方式向集约型转变，使美国各企业注重环境保护，节约资源，加快脚步向集约型产业发展方式转变。

2. 日本的经验启示

日本是一个资源匮乏的国家，非常重视对资源的保护，并且大力发展节能技术的研发，致力于发展低碳技术，因此，日本拥有世界最高的节能减排技术水平。日本具有完善的税收和补贴政策，根据日本政府报告，2008 年日本投入了 100 亿日元用于技术研发，专门用于环境能源技术的研究与运用，其中对太阳能技术的补贴达到 35 亿日元，使环境保护的技术得到了很大的提升。而且，为了能够大规模消减温室气体的捕捉，日本投入了大量的资金进行研发，并进行了多次试验，预计此项技术在 2020 年能够投入使用。在政府相关产业政策的支持下，日本企业开始进行技术研究，加大企业的研发投入，提升企业的节能减排技术，特别是钢铁、电力等部门，在环境创新技术上获取了很大的进步，实现了对部门发展方式的改造与转变。日本企业的发展方式向集约型转变对保护日本环境具有很大的帮助，同时提高了企业的技术创新水平，使企业的产品技术含量增加，提高了企业的竞争力。

除了完善的税收和产业补贴政策以外，日本还实施了相关的贸易政策，通过产业与贸易政策的协同，促进产业的转型升级，具体表现为日本实施了合理的汇率与贸易措施，通过抓住日元升值的契机，解决了以传统重工业为主的问题。日本由于日元的升值造成出口量急剧下降，为了扩大出口量，提高产品技术含量，特别是对能耗高、容易造成污染的产品进行改造。日本在国内重点提高重工业的资源使用效率，对于难以提高资源利用率的产业，日本采取转移产业的做法，把产业转移到环境标准相对较低的地区，例如亚洲"四小龙"等，而日本则保留企业的核心部门，如研发和市场销售部门等，这使日本的产业结构从重工业转变到现代服务业上，从以往重点发展钢铁业、纺织业和水泥业等转向发展建筑业、娱乐业、卡通业和银行业。日本通过产业结构转型升级成功地减少了环境污染，提高了资源利用率，使日本的环境质量大大提升，原来的环境污染现象也逐步得到显著改善，使大气、土壤、河流原来的生态功能得以恢复。由此可见，提高产品技术含量、加速生产技术的改进和加大提高产品资源环境效率是日本产业发展方式转变的必要前提。同时，在环境得到保护、资源得以节约的基础上，日本产业的发展方式也得到了转变，日本企业注重技术的研发，通过技术的提升带来企业价值的增加，并促进国家的经济平稳健康发展，取代了建立在国家的损失、人民生活质量降低的基础之上的企业发展模式。

我们可以看到，随着贸易全球化的不断深入，贸易手段正逐渐成为当今各国促进产业发展方式转变的重要政策手段，产业与贸易政策的协同发展、相互配合，有利于促进政策的更好发挥。日本在对国内产业进行转型升级的时候，注意到两个政策的配合，利用产业补贴促进产业进行节能减排与低碳环保，同时配合贸易政策促进技术含量高的产品的出口，提升企业研发的积极性，以此实现相互协同的作用。在完善的环保税收政策体系的约束下，配套实施以转变产业发展方式为导向的贸易政策，是工业化国家完成产业发展方式向集约型转变的成功经验所在。

三、产业发展方式转变诉求下产业与贸易政策的协同发展

通过对我国粗放型产业发展方式的原因进行分析与对产业发展方式转变的相关国际案例的研究，下文为我国产业发展方式转变诉求下产业与贸易政策协同发展提出建议。我国要通过产业政策与贸易政策协同解决在产业发展中出现的环境破坏、资源浪费、能源开发与利用的问题，并实现产业发展方式向集约型转变。当前我国在节能环保技术上的知识产权保护力度不大，而且缺少相关环境保护类产业政策，绿色贸易转型政策的发展依然十分缓慢，导致许多企业的污染排放、资源浪费现象依然十分严重，同时也导致企业仅关注自身的经济利益而不顾社会利益，以出口为导向却不顾企业的绿色发展，给社会带来了严重的灾难，这证明仅仅注重出口额的出口导向贸易政策已经不符合集约型产业发展方式的形成。同时，新能源企业、节能环保技术企业由于得不到相应的技术保护，研发的积极性也有待加强，难以跟绿色贸易政策相互匹配。因此，我国必须借鉴与总结国际上各国的经验教训，通过贸易政策与产业政策的协同作用，促进产业向无环境污染、高资源利用率发展，实现产业发展方式的集约化。

第四节　价值链提升诉求下产业与贸易政策协同发展的需求

一、价值链处于中低端的形成原因

20 世纪 80 年代以来，各国贸易往来逐渐增多，全球各国之间的距离越来越小，地球被称为地球村，各个国家都参与了市场的国际分工。国家在市场中的国际分工从产业之间的分工到产业之内的分工，再发展到目前按照产业不同价值链与生产工序对产业的分工。

国际的产业分工越来越细化，而产业位于较高价值链地位的国家拥有较多的主动权，可以获得更高的经济利益。在党的十九大上，习近平总书记提到，我国要大力促进传统产业的结构升级，并突出要以国际最高标准为目标，提高我国产业的国际价值链水平。可以通过加大研发投入，培育若干世界级先进制造业集群为产业转型提供技术支持。因此，对走进新时期的中国而言，大力提升产业价值链地位，实现国内产业结构的转型，是我国产业发展和经济发展的重要目标。然而目前我国在全球范围内仍处于价值链的低端，所以在新时期，我国产业提升价值链地位对产业转型升级与促进国家经济健康快速发展具有重要意义。首先，本节从产业与贸易政策的角度梳理产业价值链仍处于中低端的形成原因。

（1）贸易自由化贸易政策与产业结构升级产业政策不协同。在加入WTO以后，我国的贸易自由化程度更大，国内市场逐渐开放，与世界各国进行频繁的交易，这是当今世界经济发展的重要特征，也是贸易领域的经济体现。产品技术对一个国家出口产品具有重要的意义，若一个国家出口的产品技术含量高，则该国将会具有较强的国际竞争力，而且会形成积极的影响，促进该国企业技术继续提升，同时有利于国家高新技术产业的发展，使该国企业走向或者继续保持在产业价值链高端，加快产业结构升级，对产业发展具有正向促进作用。相反而言，若一个国家出口的产品技术含量低，则该国的国际竞争力不如其他国家，同时弱化了该类产品在市场上的表现，阻碍了产品的产业生产规模扩大与技术改造，对产业结构升级产生负面的影响，难以实现产业价值链提升与企业的发展壮大。由我国的现实情况可以看出，目前我国在国际上出口的产品都是资源与劳动密集型产品，这些产品的技术含量较低，缺乏核心竞争力，很容易形成"资源诅咒"，阻碍国家产业的发展。我国的贸易自由化政策加快了资源与劳动密集型产品的出口，虽然增加了我国的出口贸易额，但是这对我国产业的未来发展会产生较大的伤害。发达国家通常出口资本与技术密集型产品，因此在跟发达国家进行贸易时，我国很容易受到贸易自由化的巨大冲击，形成产业结构愈加低级化的趋势，难以实现我国的产业价值链提升。我国贸易政策与产业结构转型升级的产业政策的不同步，大大减弱了两个政策的实施效果，影响了我国经济的平稳健康发展。

（2）出口导向型贸易政策与技术升级产业政策不协同。出口导向型的贸易政策指的是我国采取多种措施促进企业的出口，减少初级产品出口，相反，扩大工业制成品和工业半制成品的出口，以此获得出口规模扩张，使国家的外汇收入增加与经济加快增长。在出口导向型贸易政策下，我国很多基础工业产品产量都超过了美国，例如在2014年我国的钢材产量超过11亿吨，大约是美国最高年份的10倍，这证明了我国的出口导向型政策对我国的经济发展具有正向促进作用。然而，我国用不到世界1/5的人口生产了世界大部分工业产品，人均产出是世界平均4倍以上，人均收入却不到除中国之外的世界人均的1/3。我国的出口导向型贸易政策仅仅注重增加企业出口规模和数量，而且以我国的基础资源产品、劳动密集型产品为主要交易产品，以加工贸易为主要对外贸易模式，忽略了提升产品的技术含量，使出口商品的产品技术比重偏低，对企业技术创新和国内产业的核心竞争力的提升有限，使企业难以拥有核心知识产权产品，自主创新能力低下，与我国技术升级的产业政策难以互相配合，进一步导致了我国对外贸易增长与产业升级不同步，阻碍了我国产业价值链地位的提升和国内产业转型升级。

（3）吸引外商投资贸易政策与技术升级产业政策不协同。我国的吸引外商投资政策在广义程度上属于贸易政策的一部分，世界贸易组织也把外资政策归纳在贸易政策之内（体现在《与贸易有关投资措施协议》），同时外资政策也是我国对外开放政策的重要组成部分。改革开放以来，我国隔一段时间会对外商投资产业指导目录进行修改，以配合产业政策的实现，希望能够通过外资的投入促进相关产业的发展。但是在此过程中出现了逆向调整的结果，违背了我国引进外资促进产业提升的初衷，使贸易与产业政策难以相互配合、正向促进，影响了产业结构的升级。其中主要原因在于，我国在吸引外资后形成了以外资为主体的贸易结构，而且外资工厂使用中国劳动力、消耗中国资源、占领中国市场、赚取垄断利润，免费从中国获取各种工业产品，这些外资企业大多数都是低端外资企业，在享受了我国的优惠政策待遇之后，并不能带领我国产业进行结构升级。我国在吸引外资企业之后，仅仅加大了低级产品的生产与出口，这对掌握国外企业的高新技术和学习产品的研发技术并没有很大的作用，不利于我国技术升级的产业政策的实施，阻碍了我国国内产业结构整体升级与产业核心竞争力的提高，导致我国的产业价值链仍处于中低端。

二、国际价值链提升案例经验启示

全球的国际价值链指的是各国为了获取商品或者服务的价值而实施的研发、采购生产、销售、售后等过程，涉及运输、技术研发、营销、消费等多个方面。因此，国家所处的价值链地位决定了国家的国际分工状况，处于高端价值链地位的国家，可以利用自身技术负责比较核心的部分，从而获取较高的经济收益。而处于低端价值链地位的国家，仅能利用自身廉价的劳动力、丰富的资源等原始材料创造财富，负责较简单且利润较小的部分，获得的经济收益较少。因此，各国都纷纷通过提高自身技术、提高企业管理模式等方法使本国产业能够处于全球价值链高端，以此获得主导权，并且获取较高的利润收益。

1. 日本的经验启示

第二次世界大战期间，日本跟欧美国家之间的技术交流中断，技术难以得到进一步提升，而战后日本开始引进和学习欧美模式，并从模仿欧美技术到最后走上自主创新的道路，因此，日本现今在全球价值链中处于较高的价值链地位，且仍在不断提升企业的核心竞争力。在此期间，日本提出了不少产业政策与贸易政策，共同促进日本经济复苏与产业价值链提升。

“二战”后日本重点发展轻工业与重工业，并对本国的产业发展方向进行判断，实施相应的产业政策以促进产业的发展，例如，日本实行了产业规划、行政指导与行业准入等制度。产业规划指的是运用理论分析工具对日本实际情况进行评估，并同时评估国内外的经济环境形势，对国家产业的发展进行定位，并形成国家各产业的产业体系与产业结构的相关方案。行政指导指日本的国家机关，对企业在产业发展中所做的行为提出相关建议与警告，但这不是强制性的要求，仅仅只有指导性作用。行业准入指的是日本对每个行业设置准入标准，企业只有达到该标准才能有资格进入该行业，否则不能进入。在这个阶段，日本同时实施外汇配给、外资准入等贸易政策，与实施的产业政策相互配合、互相扶持，使产业价值链得到提升，使国内经济发展方式迈向凭借技术提升经济水平的新方向。外资准入的行业指的是允许外商投资者在国内设立企业的行业，可以用于配合相关行业的资金流入。日本政府一方面使用产业政策指导产业的发展，为产业谋划好方向与发展路径；另一方面实施贸易政策配合产业的壮大，通过与国外资本、企业的融合获取更大的进步，以此获得企业的发展壮大，而且企业可以通过国家颁布的相互配合的产业政策与贸易政策，获得更多的资源，实现更大的技术提升，获取更大的经济利益，占据更高的价值链地位。日本"二战"后重点发展如钢铁、煤炭、发电等行业，在国家的指导下开始走向新产品技术与新材料的设计，并开始转向第二、第三产业与自主创新。

在相关产业政策与贸易政策的协调下，日本经历了价值链地位的升级与经济结构的转型，从刚开始在价值链低端、缺乏知识技术储备，到后来开始研发不同的技术，如机电技术、光机电技术、光学技术、通信技术、电子技术、芯片技术等，创造了许多有价值的产品，并受到了市场的认可，销往国内外。日本的汽车行业发展非常迅猛，1979 年向美国出口了 210 万辆汽车，而美国仅仅出口 1.6 万辆汽车到日本。而且从今日来看，日本的汽车也销往全球各个国家，创造了本田、三菱、日产和丰田等有名的汽车品牌。日本的汽车产业经过一系列的生产体制改革、技术变革才实现这种突破，同时辅助以相关贸易政策，日本政府在吸引汽车外资投入中监管外资的去向，使外资更多地用在本国汽车价值链高端处，使汽车产业蓬勃发展。而这也正是因为日本牢牢把握机会提升产业价值链，很好地协同产业与贸易政策，不断引进资金与提升技术，最后才实现了价值链的提升。

2. 韩国的经验启示

2008 年金融危机以来，韩国国内投资持续缩小，国内形势不容乐观，贫富差距开始不断拉大，同时国际的多边贸易谈判面临许多挑战，自由贸易区和区域一体化的合作思想不断扩散。韩国政府开始进行许多产业结构调整，加大新技术研发以提升韩国产业价值链地位，并积极实施开放型贸易政策，促进企业的出口以及与外国企业的合作，通过开放国门和鼓励、促进出口的方式协调产业的发展，共同发挥作用提升本国的全球价值链地位。

韩国政府通过评估产业的特征来判断是否把相关产业确定为韩国的新增长动力产业，其中包括技术创新性、创造价值性、经济增长性、创造就业性等特征。2009 年 5 月，《新增长动力综合推进计划》在韩国正式发布，确定了 3 个领域作为首要发展领域，即绿色技术产业领域、尖端融合产业领域、高附加值服务产业领域，其中包括 17 个新增长动力产业。绿色技术产业领域包含新再生能源产业、高度水处理产业、LED 应用产业、绿色运输系统产业、低碳能源产业、尖端绿色城市产业 6 个产业；尖端融合产业领域包含机器人应用、新材料和纳米融合产业、生物制药与医药器械产业、广播通信融合产业、高附加值食品工业产业、广播通信融合产业 6 个产业；高附加值服务产业领域包含绿色金融、文化产品、全球医疗保健、全球教育服务、会展和旅游 5 个产业。韩国投入了大量的资金用于重点产业的扶持，并通过全方位的指导帮助新增长动力产业获得提升。韩国引导各企业进行公司战略的制定，首先需要企业选择要集中精力于哪一个市场，并通过开发市场的新产品、针对不同的消费人群提供不同的服务等抢占新市场和获取市场份额，同时引导各企业培养企业人才，使产业的人才得以不断积累，提高产业员工的整体教育水平，为产业价值链提升奠定人才基础。

韩国在大力实施本国的重点产业政策的同时，还通过开放性的出口导向型贸易政策促进企业的发展。韩国推进了进出口的自由化，大力开放国内市场，保持外汇交易自由化和资本市场自由化，为产业的发展提供了一个自由、开放的环境，使各产业能够与外国企业进行技术融合，通过吸引外资的投入获得企业自身的发展，使韩国的市场不断趋向成熟。但韩国政府同时也在汇率、金融、税制方面实行了相关限制措施，以保护韩国企业的出口与提升企业的价值，保证企业向高水平的方向发展，且进一步提高了产业的全球价值链地位和核心竞争力。而从韩国这几十年的成绩可以看到，韩国实行的产业政策与贸易政策是相互协调、相互促进并且发挥了极大作用的，使韩国不仅防御了金融危机的风险，还在汽车产业、半导体产业、文化传播产业等都有了巨大的发展，具有自身独有的明星品牌，在国际舞台上占领了市场的高地，从全球价值链低端向全球价值链中高端发展，获得了世界人民的认可。

三、价值链提升诉求下产业与贸易政策的协同发展

通过对我国价值链处于中低端的原因进行分析与对价值链提升的相关国际案例的研究，以下为我国价值链提升诉求下产业与贸易政策协同发展提出建议：我国要通过产业政策与贸易政策协同解决我国加工贸易占据出口份额较大、技术亟须升级的问题，以此提升我国在全球价值链的地位。当前我国通过外资政策吸引了大量外资企业进入国内，然而这些外资企业大多都是进行加工贸易中属于价值链低端的行业，大大地影响了我国的出口技术密集度，外资政策不能促进我国的产业结构转型，难以帮助我国企业达成技术升级从而实现企业价值链提升的目标，因此，我国必须借鉴与总结国际上各国的经验教训，必须使相关的贸易政策与产业政策协同，在提高出口数量与出口份额的同时也要注意产业所处的价值链地位，通过有效的措施吸引更高端的外资企业，并开展技术研发与完成技术进步，有针对性地帮助我国提升价值链地位。

第三章 "逆全球化"冲击下我国产业与贸易政策协同发展的需求[①]

本章为"逆全球化"冲击下我国产业与贸易政策协同发展的需求研究。第一节从贸易部门层面和产业部门层面分析"逆全球化"冲击给我国产业部门和贸易部门及其协同所带来的严峻挑战，并总结"逆全球化"背景下我国所实施的产业政策和贸易政策。第二节首先归纳当前不同国家所实施的产业政策和贸易政策的不同特征，总结这两类政策之间的相似和不同之处，并指出这两类政策如何助长"逆全球化"危机；其次，在梳理上述不同国家的政策后，总结不同国家带有"逆全球化"色彩的政策给世界经济稳定发展带来的障碍，指出各国产业政策和贸易政策协同的必要性。第三节提出"逆全球化"下我国产业与贸易政策协同所存在的缺陷以及所应采取的措施。首先，梳理了我国在"逆全球化"冲击下产业政策和贸易政策的协同问题；其次，总结美国和日本在产业政策和贸易政策协同方面的成功经验；最后，在我国实施"供给侧改革"的产业政策和"一带一路"倡议的贸易政策背景下，提出我国协同产业政策和贸易政策可参考的建议。

第一节 "逆全球化"冲击带来的严峻挑战

经济和金融全球化一方面促进了各国在经济和金融的密切交往中资源的充分优化配置以及科技成果在全球的快速传播，越来越多的国家参与到产品分工的全球体系中，享受到了经济全球化的经济成果。另一方面，经济全球化使世界各国联系成一体，各国依赖程度逐渐加深，但这也意味着各经济体更易受到外部冲击的影响。2008 年，美国爆发金融危机并迅速祸及全球其他国家。自国际金融危机及其后续欧债危机后，世界经济充斥着更多的不确定性因素，全球经济下行压力明显增加。在美国，明确反对经济全球化的唐纳德·特朗普上台执政；意大利主张支持全球化和欧洲一体化的政府下台；法国大选中反全球化候选人的得票率增加；德国支持全球化和区域一体化的候选人的得票率下降。近年来，"南北贫困"和难民危机问题日益加剧，甚至已经超过警戒线。这些使民众不断思考全球化到底是发达国家与发展中国家共享发展还是发达大国压榨其他国家的方式。诸如此类现象都表明在全球化发展中存在来自相反的作用力——"逆全球化"成为一股新的经济政治力量。"逆全球化"的声音越演越烈，民众反全球化的思潮越来越多，各个国家贸易保护倾向越来越浓，国家之间的经济贸易来往不确定性因素充斥其中。世界经济发展局势因为受"逆全球化"的冲击变得更加不明朗。随着"逆全球化"暗流涌动和贸易保护主义倾向抬

[①] 本章由暨南大学产业经济研究院吴杭韦执笔。

头，各个国家都将受到一定程度的影响，所从事的经济活动风险增大。

当前"逆全球化"思潮有多种表现：一是贸易保护主义蔓延。在一些国家，自由贸易和海外投资遭到部分民众反对；二是保守化倾向加重。一些西方国家参与国际合作的意愿减弱，在移民、投资、市场监管、社会政策等方面国家主义倾向增强；三是民族主义抬头。西方国家一些民众要求实行有利于本民族的、排外的经济社会政策。

不可否认，"逆全球化"思潮的来袭给世界带来了一定危害。首先，它阻碍了国家之间贸易、投资、货币与金融联系的深化，严重加剧了世界经济的不确定性。因为"逆全球化"的冲击，一些国家的宏观财政与货币政策工具也开始运转效果不佳。"逆全球化"冲击不仅导致国际贸易摩擦与冲突增多，而且造成全球经济波动。其次，它在一定程度上破坏了全球市场公平竞争秩序，部分发达国家的保守主义策略降低了全球资源配置效率。另外，部分反对经济全球化的国家或利益集团采取的措施还可能激化国家间的矛盾，为解决全球治理难题制造障碍。

"逆全球化"给国际贸易发展带来了严峻挑战。据预测，当中、美、欧相互提高关税导致成本上涨 10% 时，全球贸易量将减少 6%，全球 GDP 将下滑 1.4%。英国智库牛津经济（Oxford Economics）则认为贸易战升级将导致全球经济增长减少 0.4%。贸易保护主义的抬头令出口国承压，2018 年 2 月德国出口意外大降，日本和韩国新出口订单数据疲软，我国在 2018 年 3 月也出现了 13 个月以来的首次贸易赤字。一季度我国和欧元区仍保持较大的贸易顺差，我国为 200 亿~350 亿美元之间（3 月出现 50 亿美元逆差），欧元区保持在 30 亿~160 亿美元之间，而美国继续维持较大逆差（约 500 亿~600 亿美元之间），这引发美国为调整贸易失衡状态继续采用贸易保护主义手段。

当前，在世界经济全新的全球化与"逆全球化"博弈的格局中，各国维护本国利益的情绪高涨，使得国际贸易无可避免地出现更多壁垒和打击。同时，"逆全球化"将对我国产业发展和贸易发展产生负面影响，受美国制造业回流政策的影响，我国产业空心化和失业风险可能也会增加；受美国贸易战影响，我国贸易出口行业大受打击。我国受"逆全球化"冲击的种种具体影响将在下文详细介绍。

一、"逆全球化"冲击给我国产业部门和贸易部门带来的影响

（一）"逆全球化"冲击对我国产业部门的影响

2000 年后，随着中国经济对外开放、融入全球分工体系，中国成为世界经济体系的重要组成部分。中国作为现阶段世界经济最重要的引擎，经济是否能平稳健康发展很大程度上会对世界经济平稳发展造成重大的影响。同时，世界经济环境变化也会对中国经济平稳运行产生重要影响。

随着经济全球化的不断深入，各国贸易分工依赖程度不断提高，中美贸易就是一个典型的例子。美国对中国的贸易依存度也在不断上升，其中美国农业对出口贸易的依赖程度比较高。2017 年，美国大豆超过 60% 销往中国。自 2010 年以来，美国对中国出口的主要商品为运输设备、农产品、化工产品、高精度机械产品（如集成电路、芯片及控制器等）。

美国自中国的进口商品以机电产品为主，包括电机、电气产品和机械设备，如便携自动数据处理设备、无绳电话机、硬盘驱动器、微型机的处理部件等，这些产品占美自中国进口总额的50%左右。家具、玩具、纺织品及原料、鞋靴、伞等轻工产品约占25%。

中美两国之间的贸易合作在各自对外贸易中已经有举足轻重的地位，相互依赖程度之高已今非昔比。据统计，中国是美国第二大贸易伙伴、第三大出口市场和第一大进口来源地。中美建交四十年来，虽然风雨不断，但总体关系持续深化。中国在增长动力、外部市场、技术、标准、规则、货币本位、制度环境甚至能源供应安全等各方面形成以美国为中心的国际体系的"依赖"。中美经济关系长期具有发展中国家对于发达国家的依附性特征，是典型的"中心与外围"关系。

然而，2018年7月6日，美国正式开始对340亿美元的中国产品加征25%的关税，发动了迄今为止经济史上规模最大的贸易战，强行引入贸易战不仅使得中国的产业部门损失不断，也使美国及包括中国在内的全球经济"双输"的可能性在上升。

一方面，从产业的具体分类来看，据统计，中国贸易摩擦升级会直接影响中国出口，同时出口下降会对中国国内总需求造成间接影响。从总体影响上看，短期贸易摩擦升温背景下对于多数行业的影响偏负面，包括：

①加税清单包含的航空航天、造船、技术硬件、通信、电子、机械、铝等；

②商贸相关的交通运输也可能受损于贸易壁垒的提升，如航运、港口等；

③大豆进口价格提升可能推高养殖成本；电信运营商可能受损于上游提价等。

另外，部分公司也可能因此受益，在中国的反制举措下，农业、软件、光学医疗设备、部分汽车经销商有可能会受益于中国对美部分商品关税提升。

另一方面，以10%、20%、30%、45%四个不同的关税档次来测算美国提高关税对中国出口的影响。根据四个不同关税水平的冲击，中国总出口分别将降低1.1%、2.6%、4.1%和6.4%，GDP将下降0.2、0.5、0.7和1.1百分点。中国对出口较为依赖的计算机和通信电子设备（56%），文工体娱用品（30%），皮革、毛皮、羽毛和制鞋（25%）、服装服饰（24%），运输设备（21%），金属制品和机械（21%），家具制造（21%）等行业受到影响或更大。如果美国采取双反措施，可能主要集中在杂项制品、化学制品、金属及制品等领域。

从我国产能过剩的角度来看，"逆全球化"不仅对我国中间品出口造成严重冲击，而且限制我国过剩产能的海外输出，为中国通过供给侧改革将饱和的产能进行海外消化带来巨大挑战。由于国内供需结构不匹配问题造成我国产能过剩问题日益加重，解决这个问题应当依靠对供需结构进行调整，使得有效供给与当前的需求结构相匹配。然而，调整需求结构是一个长期的过程。从短期来看，大量生产落后产能的企业面临倒闭的风险。因此，我国在治本的同时，也要采取一定的手段解决当下产能过剩的问题，避免产业过剩对行业造成过于严重的影响。

从中国上市公司股市表现来看，依赖海外（美国）业务的个股或受一定冲击，具体到A股市场，A股上市公司中，海外（美国）收入占比较高的行业主要集中分布在机电、音像设备、钢制品、塑料、玩具等行业中。

（十亿美元）

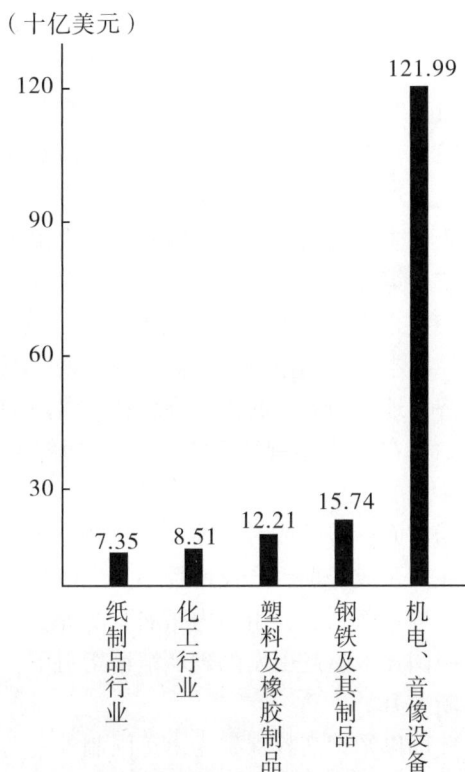

图 3 - 1　贸易保护政策下中国行业出口遭受损失情况

数据来源：WIND

中国高新技术产业对美国技术具有极高的依赖程度，中国大部分从美国进口的产品都集中于高精度的机械制造业与电子器件业，这让中国在贸易战中处于相当被动的地位。例如，英特尔和 AMD 在个人电脑 CPU 使用中非常普及，中国手机绝大多数亦安装 GPS 全球定位系统，一旦爆发贸易战，中国在寻找此类技术的替代品时将会十分困难。而之前美国对中兴的制裁让极度依赖美国芯片的中兴通讯几乎陷入了停滞的状态。可见，在芯片等核心技术领域，中国还没有拥有自主研发和生产的能力，一旦贸易战演变成科技战，上述领域的企业所面临的负面冲击也将十分巨大。

深入而言，美国对中发动贸易战的目的在于针对中国技术的崛起。中国的技术追赶引起美国情绪恐慌，在这种恐慌情绪的指引下，美国对华贸易政策将不断趋紧。

与此同时，美国强化了对中国知识产权问题的责难，试图强化投资审查以限制中国企业在美国投资敏感的高科技领域。知识产权保护涉及各行各业，其中技术密集型行业受其影响最为严重。具体而言，美国认为中国以加强网络安全或保护国家安全为由，推行不合理的知识产权披露条件，并要求相关知识产权须在中国开发。再如在线盗版问题，美国认为中国对外国影视内容不合理的审查制度，导致中国观众无法在获得版权许可的情况下利用主流媒体在线平台观看外国的电视节目，进而催生了在线盗版问题等。

一方面，"干中学"和技术转移是中国实现技术追赶的重要通道。但如今美国对中国知识产权保护的打击，其目的在于阻断中国技术追赶的通道，进而保证美国在高新技术领域的制高点。即便是在最近的贸易战，美国试图增加的进口限制也集中在高端制造业领域，包括航空航天、信息通信技术、机械等产品，其目的应当是促使相关产业重新转移回美国本土。另一方面，进口及利用外资是发展中经济体实现技术追赶的重要途径之一。当前美国对华贸易政策正从限制高新技术产品对华出口及外商直接投资技术以产生外溢效应两方面进行。在投资建设上，原本已见曙光的中美双边投资协定再次停摆，美国对中国激增的对外投资尤其是国有企业主导的高科技领域的并购表现出担心。

从高新技术产业的支持政策来看，中国的产业政策，尤其是对高端制造业的产业政策始终饱受美国诟病。美国一直指责中国政府滥用行政权力，为了谋取全球经济霸主地位，不断利用关税和技术壁垒控制本国贸易市场，从而实现长期大额的贸易顺差，用进口产品替代高科技来占领全球经济高地。由此，我国在高新技术领域的产业政策将成为美国发起贸易救济措施的重要抓手，而在《中国制造2025》中提列的十大重点领域已成为中美贸易摩擦事故的高发地。

在高新技术产业的市场方面，美国或对中国部分高新技术产品关闭市场。结合产业生命周期理论，我们发现，在产业成长期，产业市场小，生产活动主要满足国内需求；随着产业进入成长期，其需求市场不断拓展，由国内拓展至海外，海外市场对一国新兴产业成长的重要性不言而喻。在中国技术追赶引发的恐慌情绪指引下，中国高新技术产品对美出口面临的市场关闭风险不断上升。

从利用外资方面看，美国以知识产权保护为由正限制外资对华的技术外溢效应。中国的知识产权保护政策，尤其是外资准入政策中技术转移政策饱受诟病。《关于中国履行WTO承诺情况的报告》就知识产权保护议题，提出中国存在技术本地化、在线盗版、商标恶意抢注、药品、知识产权执法、商业秘密、软件盗版、其他盗版问题及边境执法等问题。

从总体产业的影响来看，出于对中美贸易战前景不确定的担心，越来越多跨国企业对中国投资存在迟疑，并在逐步调整其全球布局。据报道，为避免美国的高额进口关税，部分日本大型制造商已在重新审视其在中国的业务，并有计划将生产线从中国转移。苹果公司就加征关税表示担忧，但特朗普却在推特（Twitter）上表示，苹果只要把相关的工厂迁回美国就能够轻松解决。

特朗普政府要求如"苹果"等本土企业像"丰田""富士康"等大型企业一样来美国本土投资建厂，发展制造加工业。这些举措无疑是对发展中国家尤其是以中国、东南亚国家为代表的发展中国家工业发展的沉重打击。

据彭博社报道，因为中美之间的贸易政策紧张局势的加剧，苹果公司的供应商正在考虑将苹果产品的生产线移出中国。彭博社援引知情人士的报道称，如果美国继续对智能手机征收10%的进口关税，苹果的制造合作伙伴仍计划留在中国。但如果特朗普总统将这一比例提高到25%，它可能会重新考虑这一立场。[①] 苹果是全球最大的智能手机厂商之一，若该担忧成真，中国产业空心化势必越发严重，中国经济必然受到严重动摇。

---

① 《贸易政策背景下苹果、诺基亚正考虑将生产移出中国》，中文业界资讯网，https://www.cnbeta.com/articles/tech/798299.htm。

在"逆全球化"的冲击下,外资企业进口与出口两方面受到冲击,使之从中国撤离,实行产业转移。外资企业的撤离也会为中国贸易政策的连续性以及稳定性带来负面影响。

(二)"逆全球化"冲击对中国贸易部门的影响

受"逆全球化"冲击严重的贸易行业应当综合考虑两个方面,一是行业出口对美国的依赖程度,二是行业整体对出口的依赖程度。两者都偏高的行业意味着其行业整体对美出口依赖程度较高,可能在中美贸易战中受到的负面冲击较大。

美国对中国提高关税的行业主要在航空航天、信息和通信技术、机器人和机械等。中国对美商品出口不仅集中在传统的劳动密集型产业上,同时随着中国制造业的升级,资本密集型产业如电子机械等产品对美出口也大幅增加,出口量已赶超劳动密集型产品。具体而言,中国出口到美国的商品主要是机电产品,机电产品会在这场"逆全球化"的贸易战中遭受最严重的打击。

另外,中国对美出口为中国创造了不少就业机会。据统计,对美国出口的企业帮助中国创造了大量与贸易相关的就业岗位。在中国国内目前下行压力的经济形势下,"逆全球化"无疑使得本内忧外患的中国雪上加霜。有预测,中美贸易摩擦对我国就业将产生明显冲击,极端情况下会使就业岗位减少350万~580万个。

从理论上看,中美爆发贸易战后,中国对美国的商品出口可以转向其他国家或地区。但研究发现,中国主要出口商品在其他几大出口国的进口额中所占的比重已相当之高,进一步提高出口比例和市场占有率的空间极其有限,要想找到美国市场的替代市场十分困难。因为多数发达国家面对中国的进口已经饱和,想要依靠这些国家来消化更多的中国进口商品其实相对困难,而非主要贸易国的市场规模又相对有限。此外,受美元走强的影响,近期新兴市场风险加大,中国向新兴市场国家进一步出口转移的难度不小,中国经济下行压力势必也将不断加大。

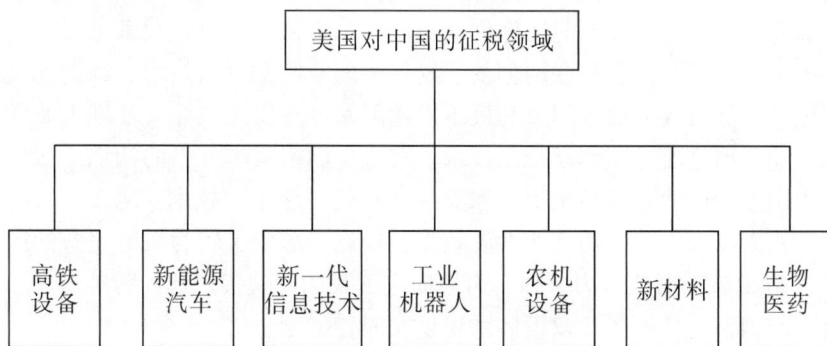

图3-2 美国对中国的征税领域

投资、出口、消费是推动中国经济的三驾马车,一旦出口受到冲击,三驾马车失衡,出口企业风险加大也势必会影响上下游企业的投资与消费。

二、"逆全球化"背景下我国实施的产业政策和贸易政策

为应对"逆全球化"冲击给我国产业和贸易造成的危害，我国政府必须采取相应的产业政策和贸易政策迎接挑战。

（一）"逆全球化"冲击下我国的产业政策

面对"逆全球化"的冲击，我国政府一直坚持以市场配置资源为核心、政府适当干预为原则的产业政策理念。同时，在促进"有效的市场之手"方面，更好地发挥政府"有为之手"的作用。

具体而言，中国产业政策分为选择性产业政策与功能性产业政策。就功能性产业政策而言，十八大以来突出了创新政策、开放政策、绿色政策，促进产业发展的政策集更加丰富和完善。在创新政策方面，完善知识产权和专利保护制度，为市场主体创新活动提供良好市场环境。开放政策方面，面对发达国家"逆全球化"倾向初显的新背景，推进"一带一路"建设，构建全球产业链、价值链、物流链，成为中国推动"新全球化"的重要途径。在产业产品质量方面，提升"中国制造"形象，重视价值的体现，重视附加值的体现，这些都是未来我们要一步步做到的。未来随着中国的国际地位和国际形象的提升，随着中国高新技术的发展以及中国外交形势的转变，对外贸易将迎来新的篇章，对此，也希望中国在外贸上重点突破结构问题，缩小与外贸强国的差距，不断地取得突破。

为了应对以美国贸易战为代表的"逆全球化"挑战，一方面，中国的一些行业领域长期存在的低水平重复建设、关键技术受制于人的问题，对激活市场主体的竞争力提出了新的要求。如果能够顺应发展的需求，在重要的基础行业和领域，转变过去过度依赖外贸补贴政策的积弊，引导行业在提质增效和结构优化上下苦功夫，则有可能将贸易争端变危为机，以供给侧改革带动新一轮高水平的对外开放。另一方面，自主构建中国企业主导的全球的价值链和跨境产业链。在同时实施创新驱动的总方针下，发达国家可以侧重更高水平的自动化、智能化、互联网和物联网创新。发展中国家侧重农业技术、制造业技术和互联网、物联网创新。低收入发展中国家和最不发达国家侧重发展农业、基础工业和基础设施建设等传统产业，但是要不断创新产品技术。对所有国家实施严格的知识产权保护。发达国家对发展中国家的产业发展给予保护和支持（投资、金融、技术）等。

总之，十八大以来，我国的产业发展政策已经逐步形成了较为系统完整的产业政策体系，开始"拢指成拳"形成合力，强有力地促进了我国向现代产业的跨越发展。同时还随着外部挑战不断调整，从而产业政策体系也越发完善健全。

（二）"逆全球化"冲击下我国的贸易政策

在贸易政策方面，中国贸易政策主要有关税政策与非关税政策。在非关税政策方面，政策工具的变化更加明显。新型的非关税政策工具，如技术壁垒、反倾销、绿色壁垒，在我国的运用不断完善，对贸易的发展起的作用越来越大。我国逐步建立起技术法规体系、反倾销法规体系、环境法律体系。在应对国际法律诉讼方面，积累了很多经验。

2018 年政府工作报告强调，我国要进一步扩大对外开放，提高我国对外贸易的水平，加快产业转型升级。在十九大报告中，习总书记强调要推动形成全面开放新格局，支持传统产业优化升级，加快发展现代服务业，以国际标准为目标，提高我国的产业发展水平。为了提高我国对外开放水平，具体表现在：加快"一带一路"进程；坚持以 WTO 为核心的贸易；积极发展多边贸易，减少贸易壁垒和改进准入制度；建立自由贸易区。

在新的时代背景下构造新的产业政策与贸易政策的协同发展体系，以共商共建共享以及互利共赢为原则，培育新的贸易模式，推动贸易强国的建设。以"一带一路"建设为媒介，拓展我国的对外贸易新格局，推进高质量基础设施对外建设、对外贸易。

（1）反对任何形式的贸易保护主义，以推进贸易自由化为目的，不断尝试新的贸易自由化措施，如我国规划的自由贸易区即是。中国自由贸易区建设起步于周边，从东盟和港澳地区开始，此后逐步与巴基斯坦、新加坡、韩国以及中国台湾等周边国家和地区建立了自由贸易区。我国还在不断推进国内自贸区的实验，现在国内自贸试验区批准三批，共 11 个，布局不断扩大。

（2）我们应积极应对任何贸易摩擦行为。以中美贸易战而言，制定反制清单和谈判清单不容忽视。不急于采取反制行动，但要研究反制清单，预估美国的要价，根据我国构建开放型经济新体制的现实需要，在扩大服务贸易开放、降低关税、加强知识产权保护和提高透明度等方面研究可行措施，争取尽快展开对话和谈判，通过协商解决问题。

（3）在多边机制发展贸易上，坚持对接如亚太经合组织、中国—东盟博览会等多边合作机制和平台。多边机制仍是国际经济贸易发展的主要推动力量，特别是对中国这样的外向型经济体来说。在美国奉行单边主义贸易政策的背景下，无论是继续扩大贸易规模还是优化贸易结构，都需要稳定增长的多边贸易环境作为支撑。贸易多元化不仅包括出口目的地多元化，也包含进口来源多元化。美国向所有主要贸易伙伴发难，挑起贸易争端，也是传统多边国际贸易体系失衡的直接体现。经历过高速增长后，结构不均衡和体系不完善，成为制约国际贸易发展的瓶颈问题。

无论在以 WTO 为中心的多边贸易体制层面，还是在区域、诸边、双边和各国政策层面，都必须坚定不移地走开放贸易的道路，坚定自由贸易体制，实行共同但有区别的生产、贸易、投资和金融开放政策。综合考虑技术进步趋势和《2030 年可持续发展议程》提出的目标，实行共同但有区别的开放政策，以体现和适应不同发展水平的不同需要。

第二节　各国产业与贸易政策对世界经济的影响

一、各国不同的产业和贸易政策对"逆全球化"冲击的影响

各国为最大化本国产业部门和贸易部门的利益，纷纷出台各项产业和贸易政策，在此过程中全球化形势不断被扭转，"逆全球化"程度不断加深。以下简单总结归纳当前各国产业政策和贸易政策的特征以及其对"逆全球化"的影响。

（一）各国的产业政策特征

1. 美国的产业政策特征——复苏本国制造业，发展能源工业

自 2016 年特朗普当选美国第 45 任总统以来，他宣称和允诺实施的产业政策（见表 3－1）的特点在于"重新发展美国的制造业"。特朗普抱着零和博弈思维，推行孤立主义政策，其实质是为了美国能够完成再工业化的进程。打击对美贸易中占据优势的工业国制造业；通过加息政策，吸引美元回流，完成对新兴国家的剪羊毛行动（中国、印度、巴西、阿根廷等都是受害者）；国内实行减税政策，鼓励国内外企业回美国办厂。

表 3－1　特朗普竞选期间宣称的政策和竞选获胜后确认的产业政策

序号	直接和间接的产业政策	竞选期间是否宣称该政策	竞选获胜后是否确认该政策	是否已经实施该目标	具体时间
1	留住美国公司①	×	√	正在进行	2016 年 12 月 5 日
2	能源市场改革②	√	√	×	2017 年 7 月 1 日
3	降低公司所得税③	√	√	×	2017 年 12 月 4 日

在能源和气候产业上，特朗普坚定地支持开采和使用石油、煤炭和页岩气等化工资源，希望美国在资源上减少对其他国家和组织如石油输出国组织（OPEC）的依赖。

在国家干预上增加选择性干预。不同于奥巴马政策定位于高端制造业的再工业化，特朗普政府对产业发展进行了选择性干预，政府重振煤炭、汽油、钢铁等传统行业，所采取的措施可分为四类：

一是松绑。包括放松天然气的出口限制，重启"拱心石"XL 管道和达科他管道建设，加快环境审查和高优先级基础设施项目的审批，废除环境质量委员会针对温室气体排放和气候变化的政策指导。

二是减压。采取贸易保护手段，减少来自外部的竞争压力。特朗普曾提出："通过数据分析，钢铁和其他许多行业被几十年的不公平贸易和糟糕的政策摧毁。"2018 年 1 月，美国商务部在一份国家安全调查报告中建议，为了使美国钢铁业的产能利用率恢复到 80%，应对进口钢铁和铝实施关税、配额等进口限制措施。2018 年 3 月，特朗普宣布对钢铁和铝进口分别征收 25% 和 10% 的关税。

三是创新。2017 年 11 月，美国能源部长宣布将通过消除愿意与能源部国家实验室合作的企业和其他实体的体制阻碍，促进技术转让，推动美国能源创新。

四是积极推动高技术产业发展。特朗普政府积极推进纳米技术、先进计算和人工智能

① 此政策相关资料见《美国企业将工厂迁往他国将面临 35% 进口关税》，新浪财经，http：//finance. sina. com. cn/roll/2016－12－05/doc－ifxyhwyy0700798. shtml。

② 此政策相关资料见《特朗普宣布能源新政》，网易新闻，http：//news. 163. com/17/0701/14/CO93ES9A000187VE. html。

③ 此政策相关资料见《美国通过 30 年来最大税改方案》，搜狐网，https：//www. sohu. com/a/208406948_100020218。

等新技术的研发；鼓励科学家并培育创新经济；放宽对无人机的监管。同时，还利用相关规则保护本土产业。比如，美国外国投资委员会（CFIUS）通过加强审查干预外资的进入，叫停了 CanyonBridge 基金收购美国 FPGA 芯片厂商莱迪思半导体、博通收购高通等。

2. 日本的产业政策特征——以反垄断等功能性产业政策为主

产业政策一直是日本稳定经济、发展经济的重要经济工具。"二战"后日本重点发展轻工业与重工业，并对本国的产业发展方向进行判断，实施相应的产业政策以促进产业的发展，例如，日本实行了产业规划、行政指导与行业准入等政策。产业规划指运用理论分析工具对日本实际情况进行评估，并同时评估国内外的经济环境形势，对国家产业的发展进行定位，形成国家各产业的产业体系与产业结构的相关方案。行政指导指日本的国家相关机关对企业在产业发展中所做的行为提出相关建议与警告，但这不是一种强制性的要求，对企业仅仅只有一种指导性作用。行业准入指的是日本对每个行业设置准入标准，企业只有达到该标准才能有资格进入该行业，否则不能进入。同时在这个阶段，日本实施外汇配给、外资准入等贸易政策。

从目前日本的产业结构现状来看，以新能源汽车为代表的汽车产业、以机器人技术为核心的高端设备制造业，以及符合日本老龄化社会基本国情的医疗产业等，是日本目前以及未来的三大支柱产业。比如，日本多年来一直是生产机器人的最大出口国，在这一行业的优势甚至于超过美国。与此同时，在日本，以信息为核心的新一轮主导产业正在充分成长起来。日本在高端制造设备等行业还保持着较强的竞争优势，具体原因在于日本产业政策着重在功能性产业政策、反垄断和反不正当竞争政策、创新型政策上。

第一，日本更加重视功能性产业政策转型。除了市场失灵的领域（如企业无意愿且无能力投资的、关系国家战略安全的重大项目），日本政府倾向减少先验性地选择特定产业或特定企业给予倾斜性扶持的政策，减少简单地以企业规模、所有制、行业、地域等作为政策实施的依据。将产业政策的目标从扶持特定产业转向实现特定功能，如提升创新能力、弥补短板、促进绿色发展等。以研发强度、安全、能效、污染排放等通用标准作为产业政策的实施依据，提高政策普惠性和公平性，使得企业都可以平等享受相应政策，减少前置性准入门槛。

第二，日本更加着重反垄断和反不正当竞争政策。日本政府强调，公平的竞争环境是激励创新、提升效率的基础。很多行业将经历产业集中度提升的过程，行业龙头企业之间的寡头竞争可能成为常态。

第三，日本更加着重创新政策转型。在高科技产业发展方面，日本政府一是在市场化领域，努力塑造自由宽松的环境，鼓励试错和探索，能否取得成功最终由市场来选择。二是在基础研究、科技重大专项等市场失灵的领域，日本政府在创新领域方面投入巨大，每年在科技研发方面的投入比重不断攀升。

3. 英国产业政策特征——以市场为主的产业政策

英国在产业政策上，少倾向于国家干预，更多的是信奉市场导向。产业政策的核心主要围绕增加竞争、鼓励创新和升级基础设施来展开。

一方面，英国在原有基础上加大研发投入，立足未来产业前沿的四项重大挑战——人工智能（AI）与数据经济、清洁增长、未来流动性、老龄化社会，加大对科研与创新的投资，如设立"工业战略挑战基金"，投资机器人技术、清洁能源、生物技术等科技创新；积极投资促进研发设施与知识共享的体系建设。英国计划在2020—2021年前投资1亿英镑推动生物科学发展的基础上，继续增加1亿英镑用于促进技术转移以及企业与科研机构的合作研发；启动挑战奖励项目，让更多的英国发明家发挥潜力，实现以用户为主导的促进创新政策。

另一方面，针对想法、人民、基础设施、商业环境、地区5个生产力基础领域，英国政府制定了相关政策。如推进信息化、能源、交通、水利、防汛体系等基础设施的升级，有效地将中央政府投资带动地方经济优先发展项目相结合；为企业搭建可降低能源成本的、基于新技术的能源基础设施，确保转向低碳经济发展过程中的经济效益；投资8 000万英镑，建立孵化新型集群。除了9个创意产业集群外，政府还将设立一个新的政策和证据中心，在全球创新基金会——英国国家科技艺术基金会交流会的牵头下，这一中心将为创意产业的决策提供依据，并为未来的政策导向提供证据支撑。

4. 韩国的产业政策特征——强调政府干预

韩国政府通过评估产业的特征来确定是否把相关产业确定为韩国的新增长动力产业，其中包括技术创新性、创造价值性、经济增长性、创造就业性等特征。在人才培养方面，韩国引导各企业进行公司战略的制定，首先需要企业选择要集中精力于哪一个市场，并通过开发市场的新产品、针对不同的消费人群提供不同的服务等抢占新市场和获取市场份额，同时引导各企业培养企业人才，使产业的人才得以不断积累，提高产业员工的整体教育水平，为产业价值链提升奠定人才基础。韩国在大力实施本国的重点产业政策的同时，还通过开放性的出口导向型贸易政策促进企业的发展。韩国推进了进出口的自由化，大力开放国内市场，保持外汇交易自由化和资本市场自由化，为产业的发展提供了一个自由、开放的环境，使各产业能够与外国企业进行技术融合，通过吸引外资的投入获得企业自身的发展，使韩国的市场不断趋向成熟。

表 3 - 2　不同国家产业政策的对比

	美国	德国	日本	韩国	中国
产业政策的重点领域	重点支持能源产业，摆脱对他国能源的依赖；重视传统制造业在美国再发展	重视实体经济，推进信息化、能源、交通、水利、防汛体系等基础设施的升级；建立孵化新型集群，重点发展文创产业；加大对科研与创新的投资	着眼点多集中在工业部门、高科技产业	由传统电子信息产业转向扶持新增长动力产业	主要有新兴战略产业、汽车产业和房地产；基础建设措施、重大装备等产业

（续上表）

	美国	德国	日本	韩国	中国
支柱产业形成的方式	以市场调节为主，后期加强了政府的引导作用	注重公平竞争原则	政府在不同时期选择相应产业作为主导产业	政府起决定性作用	政府主导
对待企业的政策	关注大型企业垄断同时视"中小企业"为"美国经济的脊梁"	大型企业与中小型企业同样重视	既注意培育大型企业集团，又支持中小企业发展	经济命脉掌握于少数大财团，忽视中小企业的利益	重视大型企业，鼓励外资进入，中小企业发展缓慢
产业政策共同点	成立专门的机构，与立法结合；强调前沿技术的突破；产业政策自身特点：与市场相结合				

（二）各国的贸易政策特征

1. 美国的贸易政策特征——浓厚的反贸易自由化

自2016年特朗普当选美国第45任总统以来，特朗普宣称和允诺实施的贸易政策（见表3-3）便带有浓厚的"逆全球化"色彩，即零和博弈思维，反对多边体制，主动引起贸易关税战，反对贸易自由化，推行孤立主义政策。具体表现如下：

一方面，特朗普自上任以来奉行美国优先，积极退出各种性质的多边体制，如2017年1月23日退出跨太平洋伙伴关系协定（TPP）；2017年6月2日退出巴黎气候协议；2018年5月8日退出伊核协议。与之相对，特朗普政府积极与其他国家建立双边体制协定，双边贸易安排抬头冲击多边体制，如2018年3月25日，美韩达成协议；2018年7月，美国与墨西哥达成双边协议；2018年7月26日，美欧绕过WTO协定签署实施了新的零关税的自由贸易协定。

另一方面，特朗普政府一反前任政府的贸易自由化，实行严厉的贸易保护政策。对欧盟、加拿大、日本、中国等国建立高关税贸易壁垒，尤其对中国采取贸易报复措施，引发中美贸易战。2018年6月15日，美国对进口自中国的500亿美元商品开征25%的关税；7月11日，美国政府发布对从中国进口的约2 000亿美元商品加征10%关税的措施；8月2日，美国贸易代表声明称，拟将加征税率由10%提高至25%。中国成为贸易战中的主要受害者。

表 3 - 3　特朗普竞选期间宣称的政策和竞选获胜后确认的贸易政策

序号	直接和间接的贸易政策	竞选期间是否宣称该政策	竞选获胜后是否确认该政策	是否已经实施该目标	具体时间
1	反对和退出 TPP①	√	√	√	2017 年 1 月 23 日
2	重新谈判 NAFTA 以及其他双边协定②	√	√	正在进行	2018 年 3 月 25 日，美韩达成协议；2018 年 7 月，美国与墨西哥正处于 NAFTA 谈判最后阶段
3	退出 WTO	√	×	待定	
4	美国对中国和墨西哥进口产品征收高额关税③	√	×	√	2018 年 3 月 23 日；2018 年 5 月 31 日

2. 日本的贸易政策特征——积极与各国建立贸易协定关系

日本自 20 世纪 90 年代初房地产市场崩溃引发金融危机以来，经济增长一直处于停滞不前的低迷状态，整体经济复苏乏力、前景难料。

日本是一个以贸易立国的发达大国，经济发展很大程度上依赖贸易。为了鼓励贸易发展，日本贸易政策的特点主要是鼓励试点特区、大力与其他国家建立贸易合作区、鼓励企业对外投资和非关税类保护进口。

（1）日本政府鼓励建立贸易特区，并在该特区上试点改革，比如试点新的金融监管规章。

（2）日本为使国内具有较强竞争优势的产品销向其他国家，不断努力与他国签订贸易协定。比如 2012 年日本尝试与中国、韩国建立中日韩贸易区；2018 年，日本正式签署了与欧洲的经济伙伴关系协定（EPA），联手欧盟建立世界上最大的自贸区。通过与他国建立贸易区，日本打开自己的产品输出市场；在国际贸易协定方面，日本更是不遗余力：加入跨太平洋伙伴关系协定（TPP），并在美国退出后主导该协定；组织全面经济伙伴关系

---

① 此政策相关资料见：《特朗普正式宣布美国退出 TPP》，新华网，http：//www. xinhuanet. com/world/2017 - 01/24/c_ 129459613. htm。

② 此政策相关资料见：《美韩就修订自贸协定达成协议》，人民网（浙江），http：//zj. people. com. cn/n2/2018/0329/c186327 - 31399179. html；《据悉美国和墨西哥接近达成 NAFTA 汽车产业相关协议》，凤凰财经，http：//finance. ifeng. com/a/20180801/16419193_ 0. shtml。

③ 此政策相关资料见：《美国宣布对中国商品大规模征收关税》，搜狐网，https：//www. sohu. com/a/226204215_ 142473；《美国对加拿大、墨西哥、欧盟实行高额钢铝关税》，新浪网，http：//news. sina. com. cn/o/2018 - 05 - 31/doc - ihcikcev7138760. shtml。

协定（RCEP），以此来全面提供日本市场的贸易覆盖率，重新引领全球性的区域合作与一体化。

（3）鼓励企业对外投资。比起吸引外资进国内投资，日本更加热衷于将国内行业外移，以释放本国市场，节约本国资源空间。同时，为了不同目的，日本鼓励不同行业进驻不同国家。具体来说，为达到节省生产运营成本的目的，日本愿意把劳动密集型和资源密集型的产业向发展中国家比如东南亚各国、中国投资；为避开他国市场、贸易区的关税壁垒，充分利用他国技术优势，日本多把汽车、电子器件等高精度制造业对发达国家如美国、欧盟各国投资。

（4）运用非关税等贸易政策。比起设置关税壁垒，日本政府更热衷于实施技术壁垒贸易政策。其中尤为突出的是，为了保护本国农业市场，日本是在农业方面实施技术壁垒最多的国家。

3. 英国的贸易政策特征——奉行单边主义

英国欲脱离世界上最大的经济联合体——欧盟，奉行单边主义，成为2016年最大的"黑天鹅"事件。为摆脱欧阴影，英国积极寻求与他国的双边贸易协定。一方面，英国与中国积极建立贸易伙伴合作关系。作为最早响应中国支持"一带一路"倡议、带动一大批国家加入亚投行的西方国家，英国对中国机构和个人投资者的吸引力不仅没有因为英国脱欧减少，相反在2016—2018年两年里不断增加。从中国出发、横跨中亚和欧洲大陆的中欧班列将浙江和伦敦直接连通，在中国与英国之间开辟了一条安全、快捷、高效的陆路贸易通道。另一方面，2018年7月14日，美国总统特朗普和英国首相特里莎·梅表示，英国一离开欧盟，美国和英国就将达成一份双边贸易协议：鼓励贸易、吸引境外投资，让英国成为世界自由贸易中心。为此，英国大力促进出口、构建贸易伙伴关系、吸引境外来英投资。

4. 欧盟的贸易政策特征——从热衷多边转为双边

欧盟共同贸易政策工具主要包括限制进口、保护内部市场等政策措施。自金融危机后，对外开拓市场保持贸易增长、保护企业海外利益，对内简化成员国贸易成本、强化贸易保护体系，已成为欧盟贸易政策的核心内容。欧盟贸易政策的特点主要体现在以下几个方面：

（1）从整体来看，采用贸易收缩政策。自2008年以来，金融危机、欧债危机令欧盟经济全面停滞，尽管自2013年以来出现复苏迹象，但仍然表现出疲弱的特征。因此，欧盟一直积极寻求解决经济危机、提振经济的举措，在贸易和财政领域均倾向于收缩政策。

（2）贸易协定谈判由热衷多边转为双边。从2009年开始，欧盟已经与不同国家签订结束贸易伙伴关系的协定。自2009年以来，欧盟已与10个国家结束贸易谈判。2012年与加拿大签订双边协定，2018年与日本达成双边贸易关税谈判。

（3）贸易保护主义抬头，改革贸易防御体制，加强对第三国违规制裁。在贸易保护方面，欧盟一直是贸易保护战中的"硝烟战场"，往往以保护环境、保护成员国企业、反倾销与反补贴等名义对第三国实行严格的制裁。

表 3 - 4　不同国家/组织贸易政策的比较

	美国	英国	日本	欧盟	中国
贸易合作态度	为促进自由贸易的发展，积极倡导服务贸易领域的开放，更注重与主要的贸易服务国谈判；在服务贸易方面，美国已与欧盟、日本签订了"北—北"协议；而与中国、巴西、印度的谈判将更注重于基础设施；奉行单边自由贸易与双边贸易	较少"区域主义"；进出口对象主要为欧盟内部成员国	除美国和欧盟外，日本对其他所有的贸易伙伴的关税均设定在10%以上，尤其是对占其贸易出口一半以上的东亚地区；在贸易自由化上一直拘泥于GATT与WTO体制的多边原则，贸易自由化改革缓慢	贸易保护倾向严重，奉行双边贸易	主张多边贸易、和平共处、公平贸易，如"一带一路"贸易合作、金砖国家合作
贸易政策特点	互惠主义、制约平衡、产业扶持、法律条文具有含糊性；信奉"国家出口战略"	"放任自流"，企业有充分的外贸自主经营权	对外贸易与立国战略结合；贸易政策与产业政策结合；进口替代战略与出口导向战略对接	贸易政策工具主要包括限制进口、保护内部市场等贸易收缩政策措施	着重自贸区试点建设；较多使用关税壁垒反制裁贸易战

　　由于市场的自发性和盲目性，产业政策和贸易政策是发展经济所不可缺失的重要工具。然而在世界经济命运共同体中，若各自为政，所实行政策只为己方利益，不顾及其他国家的利益，势必会造成各国经济摩擦的现象。在外部冲击下，各国采取的应对措施不尽相同，彼此采取的产业、贸易政策之间的矛盾可能导致双方在博弈过程中无法达到最优结果。2017 年，投资贸易规则重构的方向缺失引起了新一轮的贸易保护战，将致使世界经济疲弱复苏。

　　总之，美国作为世界经济中最发达的经济体，主导世界经济运行规则，其政策走向很大程度决定了世界经济的稳定性。而特朗普政府的"逆全球化"政策缺乏专业性、连贯性和稳定性，也意味着巨大的风险，很可能导致美国政府陷入不断内耗、无所作为的境地，降低其对国际体系的秩序输出，加速国际关系的离散化和碎片化。

二、各国"逆全球化"产业和贸易政策带给世界经济的挑战

　　从 2016 年，"黑天鹅"事件频发，全球仍将面临复杂的变化与不确定性增大的经济和金融环境。总的来看，经济全球化又走到了一个新的十字路口。"逆全球化"给全球经济带来了巨大的风险和挑战，保护主义抬头的结果是全球经济和全球贸易面临的风险"偏向下行"。

（一）世界经济的危机

当前，"逆全球化"表现在欧美贸易保护主义的抬头。具体事件概括如下：

1. 英国脱欧重创欧盟一体化进程

作为欧盟的重要成员国，英国欲退出欧盟，将重创欧盟一体化进程，打破了人们对于区域经济一体化只会前进不会倒退的预期。英国脱欧引起的冲击，将在未来几年内逐步扩散到整个经济社会领域。

2. 排他性区域自由贸易协定的强化

2001年11月，世贸组织第四次部长级会议在多哈举行，开启了新一轮多边谈判。然而至今该场谈判未能达成协议，美国甚至公开呼吁放弃多哈回合贸易谈判。在这种情况下，区域性自由贸易协定逐步增多并成为一种新趋势。相比于全球性自贸安排，区域性自贸安排是一个次优选择。无论其是否设置排他性条款，都有可能加大企业的成本：同一个企业在与不同经济体的企业进行贸易往来时，用于适应不同自贸规则的成本远高于贸易成本。

3. 全球宏观政策的进一步分化

2016年，各国经济增长出现分化，使得各国的宏观经济政策分化现象进一步加剧。例如，全球经济复苏缓慢的情况下，美联储已经开始加息，但有的国家仍在实施负利率。在全球面临共同挑战时，亟须加大全球宏观经济政策协调力度，但各国"自扫门前雪"的态度明显，不利于应对共同挑战。以金融监管为例，各国关于金融机构的信息披露不足、信息共享不足，使得国际金融监管协调往往是"纸上谈兵"，很难解决金融领域面临的共同挑战。

2017年，以"特朗普冲击"为代表的"逆全球化"冲击全球经济。因唐纳德·特朗普总统推动对来自中国和欧盟等美国主要贸易伙伴的进口征收关税所导致的贸易紧张升温，使得全球的贸易保护主义倾向抬头，对全球经济格局带来了严重冲击。

（二）"逆全球化"对全球贸易方面的影响

这些年来，全球范围的贸易保护措施不断增加。如表3-5所示，从2012年的313项增加到2015年的736项，4年间增长了1倍多。2016年前4个月出台的贸易保护主义措施达到150项，超过了以往同期的50~100项的规模。

表3-5 2012—2016年世界贸易保护数量表

年份	贸易保护数量（项）	较上一年增长率（%）
2012	313	
2013	407	30
2014	491	20.60
2015	736	50
2016年1—4月	150	

数据来源：世界贸易组织数据库

以 G20 为例，其经济总量占到全球的 85%。2015 年 10 月中旬到 2016 年 5 月中旬，G20 总共实施了 145 项新的贸易限制措施，平均每月新增措施 21 项，是 2009 年 WTO 启动检测贸易保护以来的峰值。[①]

在贸易保护主义抬头的过程中，经济政策代替传统意义上关税或非关税壁垒，贸易限制措施成为一个基本趋势，目前传统措施占比已不足 20%。[②] 例如，法国将每辆电动汽车可享受的环保津贴最高额度由 5 000 欧元提高至 7 000 欧元，政府还承诺在大型城市设立电动城市充电柱，以此争夺电动汽车的市场。[③]

未来"逆全球化"不仅抑制全球贸易的增长，也将给全球经济复苏带来严重的负面影响。在全球经济下滑的趋势下，如果世界各国都采取收紧对外贸易政策、提高贸易壁垒的策略，自由贸易就有陷入"囚徒困境"——以牺牲他国利益为代价保护本国产业，其他国家"以牙还牙"，从而引发贸易战的可能。这种担忧逐渐变成现实。各国高度关注特朗普提出的过境税等贸易保护措施，并明确表明予以反击。这些贸易保护措施将严重阻碍经济复苏与经济增长。

贸易增长与经济增长之间存在密切联系：较快的经济增长通常伴随更快的贸易增长。[④]如表 3 - 6 所示，WTO 报告曾指出，过去较长时间内，全球商品贸易增长率通常以 GDP 增长率的 1.5 倍左右增长，但如今下降为 1∶1，2015 年全球贸易增长速度和世界经济基本持平。

表 3 - 6　2001—2015 年世界货物贸易总额与世界 GDP 金额表

年份	世界货物贸易总额（亿美元）	世界货物贸易总额增长率（%）	世界 GDP（亿美元）	世界 GDP 增长率（%）
2001	126 740		331 016	
2002	132 340	4.42	343 855	3.88
2003	154 530	16.77	386 214	12.32
2004	187 860	21.57	435 127	12.66
2005	213 550	13.68	471 042	8.25
2006	245 640	15.03	519 345	10.25
2007	283 230	15.30	575 306	10.78
2008	326 810	15.39	630 706	9.63
2009	252 780	- 22.65	59 7761	- 5.22
2010	307 380	21.60	655 881	9.72

[①] 《G20 贸易保护主义抬头　WTO 发出警告》，华尔街见闻，https：//wallstreetcn.com/articles/250784，2016 年 6 月 21 日。

[②] 倪月萍：《金融危机以来的贸易保护新趋势》，《中国社科院世界经济与政治研究所研究报告》，2013 年 8 月 26 日。

[③] 《法国汽车环保奖罚标准略有变动》，《中国质量报》，2012 年 8 月 28 日。

[④] 第一财经研究院：《IMF 世界经济展望系列二：全球贸易增长放缓背后的原因》，2016 年 10 月 18 日。

（续上表）

年份	世界货物贸易总额（亿美元）	世界货物贸易总额增长率（%）	世界GDP（亿美元）	世界GDP增长率（%）
2011	366 930	19.37	726 596	10.78
2012	370 120	0.87	741 549	2.06
2013	376 580	1.75	762 367	2.81
2014	387 124	2.80	778 451	2.11
2015	396 802	2.50	801 026	2.90

（三）"逆全球化"冲击对世界产业部门的影响

与全球化要求的各国发挥比较优势、分工合作的背景不同，实行"逆全球化"的国家要求把保护本国产业、维护本国产业利益放在首位。一方面，特朗普政府要求美国本土企业回国发展制造加工贸易，同时降税吸引外商投资建厂。美国总统特朗普上任之后，以美国优先为理由，挑起了全球的贸易大战，从而引发一股经济"逆全球化"的大潮。特朗普"逆全球化"的主要方式，就是对各种进口商品加征关税，迫使近年来不断扩张的美国企业生产线回迁本国，以规避征关税的风险。这必然会推高企业的生产成本，使美国的通货膨胀上升。可以说，美国总统特朗普这种"逆全球化"的政策，不仅使得美国消费者及企业要使用价格更高的商品，也让企业的生产成本全面上升，这必然会全面推高美国物价水平。比如，美国早前对加拿大木材增加征收关税，使得美国每建造一座房屋的成本已经比2017年初大涨9 000美元；年初同被加征关税的洗衣机的情况也是如此。不仅美国是这样，其他国家也是如此。

如果经济全球化完全逆转，各国居民可选择的商品减少，商品的质量降低，经济生产效率随之降低，这些都将是导致通货膨胀上升的重要因素。尽管美联储目前仍然认为当前美国物价上升只是暂时的，并不代表一种趋势。但是，经济"逆全球化"导致物价水平上涨应该是一种市场法则，这极有可能成为一种趋势而无法逆转。

另一方面，贸易保护不仅涉及传统产业，而且也开始涉及新兴行业。新兴产业是技术进步与技术突破的重要领域，被视为推动全球经济走出低迷的重要引擎。这也使得新兴产业成为贸易保护主义的重灾区。比如，在2016年7月土耳其对中国进口的光伏产品发起反倾销调查后，又有印度对华彩图板发起反倾销调查及美国商务部对原产于中国的不锈钢板带材做出补贴调查初裁。在贸易保护的短期诱惑下，不少经济体把注意力放在对国内市场、国内产业的保护上，对结构性改革重视不足。

以美国为例，面对我国针对美国农业加税等的反贸易战措施，美国也遭遇了较大损失。像大豆产业这些较为依赖中国市场的行业，因担心成为贸易战受害者，美国大豆业者自关税政策一公布就公开要求政府考虑其利益。此前，美国大豆产量的三分之一被销往中国。尽管美国农业部回应将协助大豆农民，但是大豆业者担心在中国市场的份额被取代，即使贸易战结束，伤害仍然难以弥补。美国50个州里，受最大影响的将是出口额最大的华盛顿州，其出口到中国的主要产品为车厘子、苹果、蔬菜和水果种子以及渔业产品等；对中国出口汽车达 20 亿美元的亚拉巴马州也影响较大。

以美国工业生产为例，如果特朗普在对 500 亿美元产品加征关税后，又增加 4 000 亿美元产品的关税清单，这将囊括美国几乎所有自中国进口的产品。其中很多消费性产品是美国消费者无法以相同价格从别处购买的，这对美国消费者会造成压力，同时引来中方做出对等的回应，最终可能导致制造商将工厂移往东南亚其他国家。对于美国而言，单纯进行贸易保护未必带来就业回归，通胀反而可能迅速上升。根据 The Conference Board 的统计，2013 年时，中国制造业单位劳动力成本仅为 4.12 美元/小时，为美国的 11%，远低于美国。所以，即使美国限制来自中国的进口，美国的企业也未必有动机生产这些商品，除非美国政府在税负和补贴方面给予扶持。如果限制了来自中国低价商品的进口，美国消费者可能要承担更高的成本，通胀可能在短时间内上升。这种征税行为是典型的贸易霸凌主义，正在严重危害全球产业链和价值链安全，波及全球更多无辜的跨国公司、一般企业和普通消费者。不但无益，还将有损于美国企业和人民的利益。

总体而言，特朗普引发对美国经济发展的着力点主要在于：一是提振美国总需求的举措，主要是减税与基建投入；二是贸易保护主义。在贸易问题上，特朗普将正式发布美国退出 TPP 的通知，重新谈判和签订公正的双边贸易协定，宣布将努力把就业和产业带回美国。意味着战后全球经济秩序受到了广泛排斥。这可能使得包括美国在内的的世界经济在更长时间内陷入不确定性困扰。

以英国脱欧为例，从贸易方面来看，根据批发银行业务（ING Wholesale Banking）的数据，英国每年出口的 44% 流向了欧盟，而进口的一半也都来自于欧盟，双方每年的经贸往来就多达 5 000 亿欧元之巨。再者，受累于不断涌进的移民带来的人口高增长率，英国在接下来的 30 年内可能会成为西欧地区人口最多、与此同时也是人口最年轻化的国家。而这样的人口红利所带来的巨大的消费市场，对于欧盟的出口来说无疑是一种莫大的诱惑。就单单基于这两点，如果刻意在双方的经贸之间建立起一定的壁垒，对英国和欧盟来说，都是不相宜的。因为以前英国与欧盟有自由贸易协定，这些协议意味着英国 60% 的商品出口与欧盟成员国有关，而英国脱欧后将面临贸易关税的提升，不得不增加一些额外的成本。

英国与欧盟的贸易依存度很高。在经济方面，欧盟是英国最大的贸易伙伴，占英国贸易总额的 50% 左右；2016 年 1 月，英国在欧盟 28 国的进口占其进口总值的 53%，出口占其出口总值的 47%。英国贸易量下降、投资减少、就业率降低，金融中心地位下降，可能引发经济衰退，未来的英国在进入欧洲市场时将面对更大的贸易政策不确定性。

在产业部门方面，英国脱欧使得资本外流从而冲击伦敦金融中心的地位，具体表现为：首先，海外资本大规模净流出。英国是典型的外商投资流入国，2014 年，全球对英国的 FDI（外商直接投资）约为 278 亿英镑，其中，来自欧盟的有 52.68 亿英镑，占英国接受 FDI 的 19%。其次，金融交易遭受重创。英国与欧盟其他国家资本市场相互依赖的程度很高。大量金融机构入驻英国，将英国作为开拓欧洲的市场的支点和进入欧盟的跳板。英国也是欧元区资金理想的避险池。欧洲 78% 的资本市场行为是在英国进行的。退欧将直接影响金融交易的规模和开展。最后，劳动力不足影响经济增长。未来可能实行的移民限制政策会使欧盟国家对英国的劳动力流入下降，考虑到英国同样面临人口老龄化问题（劳动力人口占总人口比重从 2010 年开始持续下降），从中长期来看，不利于英国经济的增长。

以日本经济为例。特朗普主张本国利益优先，热衷贸易保护主义。已退出 TPP 的特朗普政府沉重打击了热烈赞成 TPP 协定的安倍政府，影响了此时需要外需维持发展的日本经济。日本作为联合国公认的亚洲发达国家，也面临着"逆全球化"趋势所带来的冲击，例如特朗普上台之后即对 TPP 宣判死刑。特朗普政府对日元施加压力，迫使日元升值，这些举措将会削弱安倍政府的经济政策效果。此正是美日两个大国贸易政策不协同的表现。特朗普政府着重本国的出口增长，企图迫使日元升值，日本外贸受到威胁。以日本的汽车外贸为例，日本对美的汽车出口无疑首当其冲。而日本则强烈要求出口本国高精度机械制造业、汽车制造业，缓解经济下行的压力。各国不同政策相互冲撞，不能很好地融合，也使得各国遭受了不同程度的损失。

第三节 "逆全球化"背景下我国产业与贸易政策协同存在的缺陷及应对措施

一、"逆全球化"冲击下我国的产业与贸易政策存在的协同问题

为应对"逆全球化"的冲击，保持我国经济健康发展，我国产业政策和贸易政策在经济运行中扮演着举足轻重的角色。然而一旦产业政策和贸易政策二者未能协同好，则非但不能促使经济平稳上升，还会使得经济问题进一步恶化。

（一）产业与贸易政策协同的体制性问题

1. 过猛的贸易开放力度弱化了产业政策与贸易政策的实施效果

中国自改革开放和加入 WTO 以来，不断对贸易主体的开放型体制进行改革。改革效果的立竿见影也使得中国企业进入国际贸易中的数量不断突破纪录并达到新高点。原则上，国际市场对中国出口产品的需求应以产品质量、价格、服务等诸多因素为条件予以确定，但由于中国企业迅速涌入增长速度相对稳定的国际市场，造成企业发展残次不全、企业状况参差不齐，企业环境混乱，市场生产领域集中，最后造成了产能严重过剩的困境。

中国产业和贸易政策不协同的经典代表问题是产能过剩，尤其是中低端产能过剩问题。该问题一方面往往是由于政府给予过多的优惠以及退出机制不完善等产业政策的缺位所导致；另一方面又因为贸易政策改革过猛使得企业一拥而入，大量进入该产业，使该产业在短期内迅速膨胀，造成了资源浪费、错配的情况。面对大量的产能，政府往往倾向于对外输出，使得西方国家认为这种贸易行为破坏了相对平衡的国际市场秩序，从而引发贸易摩擦。比如，中国在反倾销案件中并没有深入地进行产业规模、产能以及有关中国产业竞争力等多方面的考察，没有考虑反倾销措施对于提高中国企业产业竞争力的利弊。结果，中国企业在反倾销税的保护之下进一步扩大生产，导致产能过剩，产品滞销，企业大量亏损，国内企业价值链长期处于低端水平。所以，如果不加以规制企业的贸易发展，不仅会使中国对外贸易受挫，还会减损中国各项产业政策的实施效果。更何况当前处于"逆

全球化"冲击的背景下，由于外需得不到有效的满足，更多依靠内部解决，这更会使得本国加大产能过剩，产业经济发展更加恶劣。

2. 贸易管理机构和产业管理机构的协调工作

中国贸易管理机构主要为商务部、进出口银行、海关等机构；中国产业管理机构主要是国家计划委员会、国家经济贸易委员会、国家财政部和中国人民银行。除了上述机构实行综合职能外，还有管理具体行业的部门，分别是生态环境部、住房和城乡建设部、交通运输部、农业农村部、工业和信息化部、科学技术部等。正如部门名称所述，不同的行业部门负责相关的产业政策。而在中国的众多机构中，商务部管辖领域最为广泛：在贸易领域中，参与贸易政策制定过程；在产业行业中，主要任务为调查产业发展和救济贸易政策制定。但是商务部管辖领域虽大，却没有相应的权力和职能去干涉政策的制定，且部门和部门之间只能自己去交涉，无法协同各部门的利益。缺乏政府机构协调体制是我国处理产业与贸易政策决不能回避的问题：各部门同属国务院领导和管辖，彼此之间没有任何法律法规和部门规章的协调机制，一项政策出台需多方协作，各部门如果从各自利益出发，会使得该政策效果不佳，而政策出台的效率也是一个亟须解决的问题。

3. 非政府组织在管理市场准入与协调政府与企业的作用十分有限

在中国的贸易管理体制中，中国大部分行业协会以非政府代表利益身份参与政府管理，但该形式在中国管理中缺乏独立性。政府管理为主的行业协会失去了非政府组织参与利益协调的热情，从而使得对产业的协调与管理缺乏市场调节的机制，无法发挥应有的政策协调作用。

（二）产业与贸易政策协同的结构性问题

1. 贸易摩擦的多样性反映不同产业竞争的需要

随着经济全球化的不断深入，各国之间的贸易摩擦也不断加剧，贸易摩擦的类型也多种多样，包括配额制、高关税、反补贴等。经过历史演变，贸易手段也成为促进保护产业发展，缓解本国产业竞争的工具之一。但是我国贸易政策在运用时经常与产业竞争所需错配使用，并没有更多关注贸易背后的产业竞争需要，从不同产业领域入手缓解产业竞争压力，从而使得政策效果大打折扣。

2. 我国的产业政策长期以依赖产能扩张和较低价格实现经济增长

中国长期以来的经济增长是以占领低端国际市场和对资源的超前使用等方式实现的。目前，目标产业格局日益分化，众多发展中国家之间共享全球化贸易成果必将加剧我国与其他发展中国家的竞争。但在此期间，中国同发达国家的产业分化未能带来发达国家在技术贸易、服务贸易和知识产权领域的让步。中国创造并未在发达国家科技创新地位中拥有无可撼动的地位。更有甚者，发达国家将贸易摩擦的矛头直指中国政策。因此，在做好产业政策与贸易政策的协同前，一定要抓紧调整国内产业政策的结构问题，提升中国产业链的价值地位。

二、美日管理体制下贸易政策与产业政策的协调机制比较

为了应对未来经济环境的不确定性，产业发展政策需要更严格的证据。创意产业政策和证据中心的成立，正是要在这一领域进行深入研究，制定政策，以支持该产业未来的持续发展。为了更好解决我国产业政策和贸易政策的协同问题，下文将具体介绍美国、日本这两个发达经济体在协调这两个政策方面的成功经验，以此汲取教训。

（一）美国产业与贸易政策的协调

1. 专门的产业与贸易政策的协调机构

美国贸易代表办公室（USTR）机构，负责处理贸易协定，制定和实施贸易政策。美国贸易代表致力于贸易政策事务方面范围广泛的跨部门协调。这种协调工作通过贸易政策审议小组（TPRG）和贸易政策参谋委员会（TPSC）完成。

而产业政策分散在不同的机构部门，分别是：政策研究办公室，由国内政策委员会和国家经济委员会组成，它们都负责向总统提供建议，帮助总统制定、协调和执行国内经济政策，同时也在其他的政策方面向总统提供建议；总统经济顾问委员会，为总统分析全国经济情况，为制定国内外经济政策提供建议；国家安全委员会，帮助总统制定有关国家安全的国内外经济政策。

美国贸易部门和产业部门由房屋及城市发展部、财政部、环保署、国家经济委员会和美国国际贸易委员会等多个部门组成。而多数部门领导（包括副职和下一级别的官员）会在贸易政策审议小组和贸易政策参谋委员会中就任，多数领导就任同个小组的做法使得产业政策和贸易政策的预计效果可能得到充分的讨论，从而使得产业与贸易政策得以协调。

2. 利益集团在协调机制中作用强大

非政府的企业协会和联盟等利益集团往往会通过各种途径，包括经济、法律等，影响政府政策的制定。利益集团在政策制定的过程中扮演着协调者的角色，能够很好地为政府制定政策提供具有参考价值的建议和意见。

具体而言，在政治方面，利益集团向政府反映自身利益的渠道有民主选举、企业游说等；法律渠道则有主动向政府寻求反倾销、补贴等措施。通过这些渠道，利益集团可以把自己的意见反映给政府。

3. 重视智库的决策模式

美国对政策的决策更多倾向于从智库中寻找决策依据的决策模式。而政府也很乐意选择专家学者作为自己的政策顾问，使自己在决策的过程中，与专业学术紧密地结合在一起。

（二）日本产业与贸易政策的协调

1. 双权在手的通商产业省

通商产业省将日本政府的产业政策与贸易政策制定权集于一身。除此之外，它还控制

了外汇、银行、金融等核心政策工具，这些机构相互之间高度配合。高度集权的通商产业省在机构设置上划分为纵向机构和横向机构，以此来协调产业政策和贸易政策。

纵向机构是根据产业从事的不同行业来划分的部门。该类机构设置的特点不仅使得产业的总体矛盾与具体矛盾能够得到有效的分类与解决，而且使得需解决的问题和所需要的资源能够落实到具体部门中，这样也避免了产业之间政策的不协调性和分歧。

横向机构则效仿美国贸易代表办公室的做法，分别设置了产业政策局和贸易局这两类机构。其中，产业政策局是为加强本国工业竞争力而成立的机构，主要在于协调不同工业部门，向政府部门提交报告；贸易局根据本国经济发展局势和政府计划来负责制定具体的贸易政策，具体措施包括出口配额、补贴支持和高关税等。横向结构从产业和贸易两个大方向来把控，具备了综合职能，使得贸易手段的管理体现了兼容性和协调性。

日本通商产业省纵向与横向机构的特点，既能让政策体现产业管理和贸易手段的特征，又能使政策两者之间相协调。

2. 政府主导型"官民协调"体制

日本政府实行的产业政策和贸易政策协同体制是以官民一体的委员会制为核心进行的机制，即以政府为主导，以通商产业省为中心，以委员会制为桥梁沟通公共部门和私人企业的制度。委员会制由政府、已退休官员、学者、私人企业代表组成，具备多重综合性，充当连接公共部门和私人企业的媒介。通商产业省会让委员会就不同主题向政府机关汇报，该委员会提供信息交流的作用，其具体程序为：日本的产业政策和贸易政策由行业协会制定，当政策制定后会送往专业委员会进行审查；如果审核通过，再由通商产业省通过委员会制与私人企业协商，之后由通商产业省以法律法规的形式颁布。

（三）美日两国产业政策和贸易政策协同的经验总结

美国、日本两个经济大国将产业和贸易政策配合使用、协调运用，才使经济腾飞。下文将围绕机构设置、政府干预、行业协会等方面进行总结，为中国产业政策和贸易政策的协同提供更多经验教训。

1. 机构设置

美国设立了专门的产业与贸易政策协调机构，该机构级别高于美国的贸易管理机构和产业管理机构，但里面的成员由这个管理机构的领导组成，当提交的政策出现分歧时，会由该机构进行充分讨论协商，该部门的设置特点着重于政策的协调性；相反，日本没有专门的产业与贸易政策协调机构。制定产业政策和贸易政策的机构集于通商产业省一身，贸易政策的不协调在制定前期就能够得到充分的缓解。

2. 政府和利益集团的干预方面

美国的行业协会、私人企业联盟等利益集团在制定政策上有着举足轻重的地位，最后政策决策的结果往往就是协同实践中各利益集团的博弈结果，注重市场主导，政府干预往往比较少。相反，日本更多地强调"官民协调"，政府主动主导干预，在国家利益和利益集团发生分歧时，往往会优先考虑国家整体利益。

3. 政府、行会、企业的关系方面

美国和日本的协会多是自发形成型协会，而非自上而下型协会，相对于政府而言，其独立性较大。协会会主动联合议员向政府进行游说行动，激励会员履行对公共责任和公共服务的承诺。美国和日本的协会较好地发挥了联系民众与政府的桥梁和纽带作用。

三、应对"逆全球化"冲击的产业和贸易政策协同建议

我国积极融入经济全球化，深信经济全球化有利于全球发展。这一理念不仅有利于中国贸易与经济发展，而且是维护国际贸易秩序与世界经济稳定运行的思想理论基础。因为只有融入经济全球化，中国经济才能快速腾飞，中国理所当然需要承担起维护和推动全球市场竞争秩序的历史责任，为世界经济的稳定运行与发展做出自己的贡献，承担起新兴大国的责任。

一国的产业政策需要与国际贸易规则相协调，同样地，我国也需要不断调整产业政策来解决本国产业政策与国际贸易规则之间的协调问题。一国的产业政策也不可能只是通过自己的调整与改进实现产业政策的不断升级，产业政策的升级同时需要通过贸易政策来引入国外的额外因素，以实现产业的转型升级和提升国际市场的竞争力。因此，在制定国内相关产业政策时，必须要紧密结合当前国际形势，做到产业与贸易政策相互支撑、协同发展，充分发挥产业与贸易政策的功能及作用，使得我国相关出口产业能够合理应对国际规则，为经济平稳健康发展创新提供有力的政策保障。

一方面，我国应该站在世界经济舞台的中央，改善以 WTO 为中心的世界贸易运行体制，努力主导国际规则的制定，尝试建立多边协定；同时在将自身产业和贸易政策协同好的基础上，与其他经济合作国家在政策上相互协调配合，在产业和贸易上真正做到共商、共建、共享。

另一方面，我国应继续推动全球化与自由贸易的发展，建设"一带一路"倡议，建设新型全球化，需要对西方国家中出现的各种损害我国和国际社会整体利益的"逆全球化"行为及政策采取必要的反制措施，纠正各种错误主张和政策措施，化解"逆全球化"给我国经济发展和世界经济稳定运行带来的各种问题和风险。

1. 成立专门的贸易与产业政策管理机构

我国的贸易管理机构和产业管理机构相互间没有协同的法律机制存在。为了有效协调我国出台的产业政策和贸易政策，我国有必要专门成立贸易与产业政策管理机构。一方面，该机构可以效仿美国的贸易代表办公室机构。在级别上可略高于主要贸易管理机构和产业管理机构，但该机构的主要领导人需囊括包含下属的贸易和产业管理机构的主要领导。另一方面，着重发挥我国商务部在贸易协调中的角色。我国商务部目前主要发挥着贸易管理的职责和作用，但没有相应的职能。鉴于贸易在我国经济发展中越发重要的地位和商务部职能较弱的背景，我国有必要提升商务部的权力，深化职能，改革内部机构单位设置，充分发挥商务部在未来贸易中的指挥官作用。

2. 优化现有机构设置，构建网格化管理体系

我国当前的经济发展模式，在处理政府和市场关系方面存在着不足之处，如过度干预

等。因此，应早日将政府政策制定机构的改革提上议程，促进政府机构精简，优化流程，使该机构更能帮助政府考虑国内更多阶层的利益和国外干涉力量的阻挠。构建网格化产业与贸易政策协同发展体系，逐渐形成"中央＋地方"的双层管理模式，中央与地方各司其职，协同管理，互为补充。政府需要通过协调制定实施产业政策和贸易政策的部门以避免产业与贸易政策产生政策间的冲突和摩擦。

3. 强化非政府集团的力量，规范行业协会的发展，建立以行业协会、民间商会为领头羊的多元政策协同体系

在我国，非政府集团力量薄弱。政策的制定往往被政府完全主导，中间过程缺乏学者与其他部门的意见，决策协调过程不透明，反馈信息的能力不足，难以顾及多方面利益。这些使得产业代表与政府公共部门的隔阂日渐加深。

当前我国成立的行业协会应当以全国性社会中介组织为依托，整合各地协会为分会，健全专业委员会机制，发展骨干会员，由贸易管理机构为牵头单位，行业组织发挥各自优势。单个企业力量有限，只有形成一个行业组织，通过群体的力量才能在这些问题出现的时候有一个应对的平台，商会就是要起到这样的作用。

同时，单个企业需要在行业中参与一些有关行业共性问题的探讨和研究。只有这样，企业才能不断克服困难，不断发展。因此，在发展市场经济环境中，企业是非常需要行业商会的。在处理产业政策和贸易政策的协同问题中，私人企业和行业协会等非政府集团起着举足轻重的作用。为了使行业协会能够充当起产业政策和贸易政策的指导者角色，以行业协会为主体的多元化政策协调机制应通过立法的形式，将退休官员、退休协会代表、各方智库、学者纳入成员范围中；明确行业协会商会的地位作用、权利义务、资产属性，不断优化结构，健全功能，使行业协会商会在助推经济转型升级、促进政府职能转变、提供社会服务、创新社会治理、加强行业自律、扩大对外交流等方面发挥更加重要的作用。

4. 供给侧改革、"一带一路"建设和贸易进出口的相互配合

在全球经济复苏乏力的背景下，竞争也更为激烈，发达经济体结构调整压力加大，新兴市场的地位和作用不断提升，发展格局亟待改善。目前我国经济保持中高速增长，仍是全球竞争的重要引擎，因此，协调好"供给侧结构性改革"和"一带一路"建设这两类重大政策成为我国产业和贸易政策协同建设的重中之重。

"一带一路"建设是顺应国际形势、统筹国际国内两个大局做出的重要贸易政策，而供给侧结构性改革则是适应经济新常态、应对我国供需关系变化做出的重大产业政策，两个政策之间有千丝万缕的联系和互动，只要找准切入点，牵住"牛鼻子"，就能够在贯彻实施这两大中央政策的过程中，起到事半功倍的作用。

"一带一路"建设的贸易政策需要充分融合我国供给侧改革的产业政策需要，我国在实行这二者时应注意做好"一带一路"建设与供给侧改革的有效衔接。"一带一路"沿线国家在不断发展电子商务的同时，也在发展高新技术产业。如泰国利用一系列的投资优惠政策，通过东部经济走廊，鼓励包括数字产业在内的新产业发展。"一带一路"建设注重推动沿线国家提高发展水平和让沿线民众广泛受益，引领新一轮经济全球化向着更加均衡包容方向发展。

而在"一带一路"建设对外贸易输出时，产业管理部门应配合贸易管理部门，严格把

控对外出口的金额与数量，防止他国打压中国贸易；我国的贸易部门需要主动协调好产业部门，将外需的产能、企业发展产品的动向转型向产业管理部门汇报，使产业管理部门在对外规划产能时有基本的需求蓝图分析，配合供给侧改革，防止产能在内需不足的情况下，出现外需下降、产能滞销的情形，防止出现部门在"拍脑袋"后就贸然扩大产能的决策。

5. 注重合作经济国家产业政策和贸易政策的协同

以美国、欧盟为代表的西方发达经济体，作为全球市场竞争的早期获利者和维护者，随着其原本在全球市场竞争地位的相对下降，出现了偏离其原本主张的市场自由竞争秩序的倾向，以损害全球化给国际社会带来的整体利益从而谋求个别国家的经济与市场利益。这些经济体中出现的"逆全球化"与新兴保护主义则会对全球自由竞争市场秩序产生破坏性影响。中国应肩负重塑全球化使命，重视产业政策和贸易政策的协同，以自身经济发展带动世界经济稳定向前进步。

世界经济复苏缓慢，新的增长动力不足。经济全球化出现波折，保护主义、内顾倾向抬头，多边贸易体制受到冲击。习近平总书记指出，现今世界经济贸易和投资不明朗，尤其是包括农产品等大宗商品的价格持续波动激烈，早期金融危机的长远问题远未解决，保护主义抬头，推动世界命运共同体经济发展依旧任重道远。

以"一带一路"建设为契机，推动出口多元化。紧抓"一带一路"建设机遇，鼓励引导企业在开拓出口市场多元化的同时，推进国际产能合作，提升产业全球运筹和经营能力，通过"三角贸易模式"降低中美贸易战对我国商品出口的阻力。在对外投资多元化和贸易结构优化的同时，提高出口产品中资本技术密集型产品的占比，加快提升我国在全球价值链中的地位。

面对世界经济中越来越突出的贸易保护主义、孤立主义、民族主义等问题，中国需要团结一切能够团结的力量，联合新兴经济体，在国际贸易上，要以跨境电商为主要形式的数字经济即通过建设数字丝绸之路，参与到经济全球化的历史进程当中，积极应对贸易保护主义带来的消极影响；在产业政策上，要坚持以创新为核心，推动大数据、人工智能、智慧城市的建设，跨境电商在现金互联网等技术的推动下形成了新型国际贸易形势。当前国际贸易保护主义形成了一种国际贸易紧张氛围，互联网所推动起来的电子商务，特别是"一带一路"沿线国家蓬勃发展的电子商务，坚定了大家对经济全球化发展的信心。尤其对于东盟的贸易伙伴，中国可以与他们重点联手推动跨境电子商务贸易发展。

6. 坚持以 WTO 为核心的多边贸易协定

从博弈形势来说，WTO 争端解决机构（DSB）将成为中美之间贸易博弈的主要场合，美国将会质疑贸易规则并提出修改倡议，我国也应把握好贸易规则修订的主动权并建立联盟。

在未来，我国在区域、诸边、双边和各国政策等层面上，都必须坚定不移地运用WTO 规则，开放贸易的道路，坚定自由贸易体制；实行共同但有区别的生产、贸易、投资和金融开放政策。让各个经济体在共同的平台上相互交流、发现问题；在与他国制定贸易协定时，对发展程度不同的国家实施有差异化的区域和诸边贸易协定，如 RCEP 和 FTA-AP，用发展亚洲区域合作一体化来抵抗"逆全球化"，继续推进与欧盟、东盟等经济体的贸易自由化。

第四章　典型案例[①]

本章主要以四个典型具体案例分析在国内产业转型和国外"逆全球化"背景下我国产业与贸易政策协同发展的需求，将每个案例作为一节进行详细的阐述和分析。具体内容概括如下：第一节以钢铁产业为例，结合"逆全球化"的背景和国内供需不平衡的矛盾探究产能过剩的原因，同时以保持经济平稳健康发展为目标，探讨现有产业政策和贸易政策的冲突点，提出我国钢铁产业去产能中产业与贸易政策协同发展的需求。第二节以纺织服装产业为例，具体分析该产业在原料进口及加工销售等方面与绿色发展理念相悖的地方，并结合"逆全球化"冲击的背景，探究产业发展方式所面临的困境是现有产业政策和贸易政策的冲突点，提出在纺织服装产业转型方式中我国产业与贸易政策协同发展的需求。第三节以信息通信产业为例，探究"逆全球化"对缺乏核心技术的中国企业造成了何种冲击以及该产业价值链提升所面临的困境，从而探讨现有产业政策和贸易政策的冲突点及如何解决。最后一节则以自贸区作为具体的贸易政策为例，分析其促进产业与贸易政策协同发展的作用机理，并深入探究在"逆全球化"冲击下，自贸区现有的产业与贸易政策在协同方面存在的短板，从而提出产业政策和贸易政策协同发展的需求。其中前三个案例的选取，是基于"逆全球化"冲击下国内产业转型升级面对的去产能、价值链地位提升、产业发展方式转变这三方面的诉求，而这三个问题的解决不仅需要产业政策的引导来调整产业结构、扩大创新以及调整生产方式，同时还需要配合相应的贸易政策拓展市场空间。而第四个案例的选取，则是把自贸区作为扩大对外开放的重要试验平台，更能清楚地体现产业与贸易政策协同作用的效果，同时也为厘清产业与贸易政策协同发展机制进而为其在全国范围内推广实施提供决策参考。

本章内容的研究背景是当前我国经济运行稳中有变，面临一些新问题新挑战。国外经济贸易环境发生明显变化，"逆全球化"趋势增强；国内在不断优化经济结构中，提出了"保持经济平稳健康发展"的总目标，并具体提出了"稳就业、稳金融、稳外贸、稳外资、稳投资、稳预期工作"的具体要求。然而在实现我国产业价值链转型升级、经济战略结构稳定发展的目标过程中存在一系列问题，例如我国的钢铁产业产能过剩，信息通信产业价值链地位较低，纺织服装产业污染严重，自贸区在"逆全球化"的冲击下发展受限。已有研究内容大多数是从产业政策或贸易政策单一角度出发，分析单个政策对某产业的作用，并未深入研究多个产业和贸易政策之间的联系和冲突。而本章认为这两个政策的协同作用更能应对当前"逆全球化"的外部冲击和国内产业转型升级的诉求，保持经济平稳健康发展。

---

① 本章由暨南大学产业经济研究院赵姣龙执笔。

第一节 钢铁产业

我国钢铁产业的发展历程可谓一波三折，真正意义上的崛起是改革开放以后。当时我国处在计划尽快实现社会主义工业化初期，钢铁产业作为发展重工业中基础产业的代表得到了中央政府及相关部门的高度重视，之后通过技术结构的快速变革和吸引外资的投建工厂带动了我国制造业迅速崛起，其中以宝钢、鞍钢为首的企业创新了钢铁产品的研发模式和技术团队，在国内迅速建立了稳固的"黄金地位"。20 世纪 90 年代初期，我国的粗钢产量从最开始的六千万吨，到 90 年代中期打破了历史纪录，迅速上升至 1 亿余吨，在全世界遥遥领先，之后均以每两年一倍的速度增长。我国刚加入 WTO 时，国内钢铁产量的市场占有率为 85%，截至 2017 年末已经突破了 95%，10 年的时间上升了 10% 左右，并且每年产量都在世界名列前茅，远远超越了美国、日本等工业强国，一跃成为世界第一钢铁生产大国。钢铁作为基础设施原料，对上下游高科技产业、房地产业等建筑类行业都起着不可或缺的作用。我国每年的钢材消耗约占全球的 45%，但在取得辉煌成就的同时，也带来了一系列沉重的工业问题——产能过剩危机。

一、钢铁产业发展背景及去产能目标

2015 年 12 月中央经济工作会议将"去产能"列为 2016 年供给侧改革的首要任务。2016 年 2 月 4 日，国务院发布《关于钢铁行业化解过剩产能实现脱困发展的意见》，指出用 5 年时间再压减粗钢产能 1 亿～1.5 亿吨。

2017 年 5 月 10 日，李克强总理主持召开了国务院常务会议，会议再次明确"化解和淘汰过剩落后产能是供给侧结构性改革的重要任务"，要求尽快取缔地条钢，用优质的螺纹钢等钢铁产品带动市场的有效升级。这说明通过供给侧改革化解钢铁产能过剩，根据"逆全球化"和国内供需不平衡矛盾等内外部环境变化及时调整产业布局，仍然是我国现阶段实现钢铁产业转型升级，实现就业增长和外资稳定目标的重点内容，由此对多种政策协同发展提出诉求。本节内容将从钢铁产业产能过剩的形成机制出发，分析"逆全球化"对钢铁去产能造成的冲击和困境，并根据国内外环境的变化对产业政策与贸易政策协同发展进行需求分析。

（一）钢铁产业产能过剩的原因（国内视角）

目前我们从国内视角出发，对钢铁产业产能过剩的形成机制进行初步探讨和分析，主要归纳为以下几点：

一是市场供求结构不平衡。在我国现代化建设初期，国内钢铁供给紧张但需求量异常庞大，作为规模经济行业，同时也为了推动国内基础产业的快速发展和经济上升，各地政府和机构投资者都将目光聚焦于钢铁产业，特别是螺纹钢、地条钢等低技术、低成本的粗钢产品。加之我国当时的汽车产业和机械制造业处于现代化建设初期，技术含量不高，钢铁产品等原料缺口较大，便迅速带动了国内市场形成一条条钢材初级产品生产线，国内产钢工厂的建立带动了钢材产品供给量的迅速增加。进入经济加速发展阶段以后，国内投资者规模和资金状况参差不齐，如宝钢、鞍钢等大型国企由于资金实力雄厚，投入较多的是板卷型的钢铁产品，而仅为暂时获利投机赚钱的中小企业则是生产技术成本较低的长钢材产品，在钢材市场上分化形成了两个极端。因为供给结构不平衡，无法适应市场需求规律，导致投入与产出不成正比，大量的钢铁卖不出去，积压在仓库中，钢铁产品的结构性产能过剩和阶段性的生产停滞便由此形成，市场供求结构不平衡的矛盾日益显著突出，并导致大中型企业效益下滑。虽然建筑钢材产品更适应中国现阶段社会发展的市场需求，但其中低端产品所占比重较大，无法快速转型升级。为满足向高端产业链转型的需求，在高附加值产品和技术生产环节中还是得依靠外国企业，特别是在资金投资环节，就需要大量引进外资建厂生产高价值钢产品，如进口大量的高强汽车用钢，低温耐压的高速铁路车轮等。长此以往，市场调节的滞后性就加重了钢铁产能过剩的情况。

二是地方政府政策干预不当。钢铁行业属于大规模高盈利的行业，作为地区的支柱产业，在促进经济发展和就业等方面都起着重要的作用，而地方政府作为当地资源配置的主导者，其驱使本地利益最大化的目标往往与中央政策出现分歧。考虑到各个地区环境和资源要素的差异，以及和政绩直接相关的税收、就业问题等，为提高地区 GDP 带动本地区的经济发展，地方政府便很容易视钢铁企业为地区的支柱产业进行发展，同时能帮助地方政府减少寻租成本谋取利润，为达到绩效目标，地方政府便出台一系列政策支持和财政优惠措施，如扩大原材料的供给渠道，放宽钢企的银行贷款条件，增加审批土地使用权和厂房租地优惠政策等，有的还对供给量扩大的企业许以重赏或税收优惠。政府赋予企业拥有低成本的生产优势，一方面可以鼓励大型国有企业继续扩大投资，另一方面降低了中小钢板材企业的进入壁垒。同时，为增强国有企业市场竞争力，在目标一致的情况下，政府官员会在国企担任部分职位使其与国企紧密联合，如此一来钢铁企业失去了加大投资高新技术、改进工艺的动力，导致产品竞争力不断下降，产能过剩现象日益严重。

三是过度投资倾向严重。自 20 世纪 90 年代以来，我国开启了以投资带动经济增长的模式，钢铁产业作为典型的规模经济基础产业，在纷繁复杂的国内外市场经济形势下，不同的企业因被市场需求、自身经济效益、区域地理优势、政府产业政策等吸引做出投资钢铁行业的决策，大量盲目的投资促成了"涌潮现象"，由此导致以粗钢为主的钢铁产品产量增速过快，这也是我国在 20 世纪 90 年代迅速发展成为产钢大国的原因之一。但投资结构过于单一，特别是在国有企业的带动下，大多企业在投资时只看到了眼前的利益：钢铁产业规模大容易赚钱、银行借贷政策优惠且有政府助力，便无目的地跟风投资，忽视了市场调节机制和产业经济发展的客观规律，并未考虑到边际报酬和边际成本，这也是以国企牵头引导市场之弊端的体现，更是促成钢铁产能过剩的直接原因。加之我国在 2009 年为了应对金融危机，政府带头下放了 4 万亿元的投资，并出台了一系列扩张性的经济刺激政策，拉动了大量的基础设施和房地产建设，进一步促进钢铁行业产量的扩张，导致产能大量积压，产能过剩危机重重。

四是企业之间的恶性竞争。钢铁行业产能过剩的一部分原因也来源于利益相关者的驱动，已经进入钢铁市场的国企等市场占有者虽然在市场上具有一定的成本优势和资金供给渠道，但是金融借贷机构也会趁机捞钱大赚一笔，较高的借贷条件和利息率让一些刚进入市场的年轻竞争对手无法承受，甚至大型国企都难免面对资金链短缺的现状，被迫下调市场价格，利用低价格高供给量来获取行业利润。但这给予了本打算退出行业市场的年轻竞争者新的希望和活力，使之开始大规模投资建厂。市场价格越降越低，钢铁产量越产越大，但是早已偏离了所需的产品结构生产目标和路线，形成混乱无序的产业竞争格局，大量钢企生产的产品由于结构性过剩导致供需严重失衡，库存积压滞销，企业亏损严重，被迫大量裁员。为了止损，恶性价格竞争现象便会浮现在市场上，严重亏损企业要想翻身就要降低价格将积压的钢材产品库存清空销售出去来换回资金供应链，此外，也会产生一些企业偷税漏税、以假乱真等现象。长此以往，假冒伪劣产品充斥着国内各个区域和产品销售市场，公平竞争的市场秩序被扰乱。加之各地执法尺度不一、行政监管不严，对假冒伪劣产品打击力度不够。这会遏制新技术新设备的引进和创新，打断了钢铁产业的结构升级的正常进程，产能过剩程度日益增加。

综上所述，我们认为收集相关钢企扩张投资数据和文件，定量分析不同因素对钢铁行业产能过剩的具体影响，能为进一步分析钢铁产业与贸易政策如何协同，进而协助钢铁产业去产能以实现经济平稳健康理清思路。

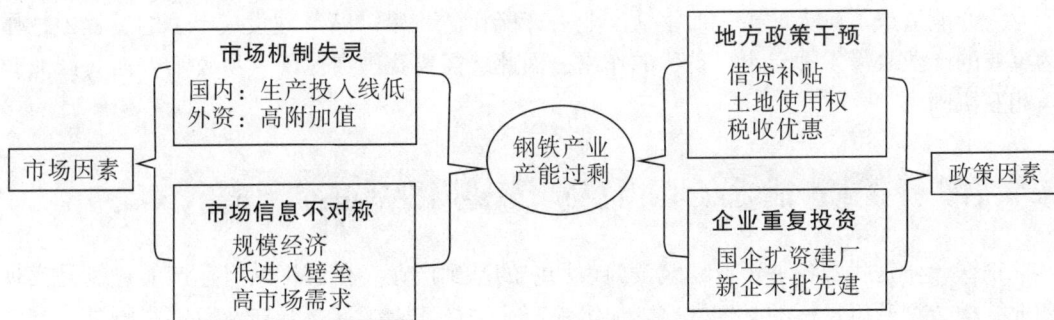

图 4 - 1　钢铁产业产能过剩的影响因素

（二）"逆全球化"对钢铁产业去产能造成的冲击（国际视角）

国际贸易保护政策的实施所形成的"逆全球化"冲击对钢铁去产能战略的影响（外部冲击）主要体现在以下两个方面：

首先，国际关税的提高将会限制我国钢铁产品的出口供应渠道。对于出口厂商来讲，出口钢铁制成品的成本上涨，为了维持一定的利润率，直接缩减我国钢铁对外出口的规模，特别是出口美国的贸易数量急剧萎缩，导致钢材产品国外需求市场购买力下降，国外消费市场渠道缩减，直接对钢铁去产能造成负面的冲击和影响。根据相关媒体新闻报道和数据库的统计，2017 年我国钢铁产品遭受的贸易摩擦案件数目约 49 例，占全国所有出口贸易规模案件总数的 42%，涉案金额 78.95 亿美元，占总金额的 55%，无论是金额还是遭受调查的案件数量都在全球占据约一半的比例，而且我国钢铁产品遭遇调查的数量已经连续 8 年居高不下。从现阶段美国出台的关税征税政策来看，如对出口国的进口钢铁加征 25% 的关税、对不锈钢板材类产品征收反倾销税，其中有 15% 的关税品种都是针对中国钢铁产品，加之欧美国家对我国出口销售的钢铁产品实施双关税制度，美欧资本主义国家的双面施压使得我国进口产品品种难以从管材、热轧碳钢等向不锈钢、硅钢、特钢、钢材加工制品等高端产品转移，打击了我国几大钢铁企业巨头去产能的积极性，弱化了其在钢铁产业集群的辐射能力和带动效应，阻碍了去产能的步伐。

其次，"逆全球化"冲击会对就业和吸引外资产生一定的负面影响。一方面，我国钢铁产能结构在对外转移和调整的过程中，容易受出口压力和贸易保护的影响，造成部分企业去除闲置产能时，不得不缩减实际产能。而研究表明，当钢铁缩减的实际产能比例过大，即超过总产能的25%时，会影响市场经济的良性循环，并不能真正达到"去除限制产能"的目的。另一方面，"逆全球化"会造成大量外资工厂撤资、人才流失等现象。在钢铁供给侧结构调整产能的过程中企业的生产成本会增加，而外资撤资将会进一步增加企业的资金循环使用压力，国内厂家会因为订单量过少而停产。此时企业通过裁员来缩减运营成本，会造成很多人下岗，而市场运营规律表明，一个行业的衰退会影响至少6个行业的衰退，特别是出口型企业。社会就业比例结构失衡现象随之而至——缺少大量高端技术人才的同时存在过度闲置劳动力。失业率的增加对下游产业的影响也是巨大的。国家经济形势的严峻更会反过来影响去产能效果。由此看来，国际贸易保护政策的实施对我国钢铁产业去产能造成了巨大冲击，而钢铁产业去产能在"一带一路"建设走出去的过程中，作为重要的产业政策发挥着不可替代的作用，因此，需要我国在对外贸易政策方面与产业政策相互协同。

二、钢铁行业去产能对产业和贸易政策协同发展的需求分析

钢铁产业是我国各种工业建筑设施市场中的基础产业，化解钢铁产业产能过剩是实现产业结构转型升级目标的必经之路。但钢铁产业去产能除了受自身产业政策影响外，其实施效果还与各个地方政府的补贴政策、上下游相关产业政策以及国内外相应的贸易政策密切相关。在去产能过程中，由于地方政府制定的产业政策与国家的出口贸易政策、引入外资的政策与出口贸易政策等方面的冲突，去产能进程遭遇瓶颈，步伐减慢，具体冲突主要体现在以下几个方面：

一是地方政府钢铁产业的补贴政策与国家限制低端钢出口的贸易政策的冲突。目前我国地方政府对钢铁产业的补贴政策没有细化，加之生产中低端钢材的企业由于受去产能政策影响减产而长期处于亏损状态，政府出于稳定就业和保持区域经济平稳发展等因素的考虑，往往会给予相关企业更多的优惠措施。地方政府的扶持政策原本针对的是具有坚实的研发创新基础、规模庞大实力雄厚的大型钢企，如钢研高纳、抚顺特钢、宝钢股份、久立特钢等新材料公司，但反而刺激了中低端企业的投资意愿，造成去产能执行力度降低，钢铁在去产能的过程中产能再次反弹，产能库存增高。另外，我国现行的钢铁出口贸易政策，出于达到降低钢铁产能的目的，通过减少中低端钢材产能，大幅度降低了钢坯和普碳长材等低附加值钢材的出口退税，但地区政府暂无出台刺激相关钢铁产品出口的补贴政策，导致了这些低端钢材出口的大幅度下降，出口厂商对外贸易道路受阻。由此致使地方政府的优惠补贴政策与限制低端钢材产品出口的贸易政策的不协同，使得去产能政策实施

效果大大减弱。

二是吸引外资政策缺乏针对性，影响了去产能产业政策的实施效果。我国钢铁去产能政策旨在提升产业价值链，打造高端钢铁产业链。从某种意义上讲，外资能够对某种钢铁产品的发展起到向下游延伸的作用，协助钢铁产业向生产性服务和综合性方向发展和升值，对钢铁产业结构升级有重要的推动作用，但由于我国在制定吸引外资政策时过于盲目，缺乏针对性，只片面强调外资数量，而忽视了外资质量，导致外资规模迅速扩大的同时，缺乏对一些层次较低，产品结构同质的外企的限制。我们需要引进的是协助板材升级的高端制成品的技术和生产线，但事实上引入的外资依旧多以小型化、低技术和劳动密集型为主，因而外资投资的大都是中低端钢铁产品。而目前我国钢铁去产能政策是对粗钢等技术落后、能耗高、效益低的中小型钢铁企业进行淘汰或减产，这些外资的引入不仅没有起到协助作用反而造成了资源要素的浪费，因此缺乏针对性的外资政策与我国现阶段实施的去产能政策相矛盾。此外，大部分外资只能暂时弥补资金短缺和外汇缺口，并不能长期改变我国钢铁行业整体生产技术落后的状况，产业结构低度化的现状依然存在，这与钢铁产业实现产业转型升级的目标相矛盾。

三是现行的房地产行业调控政策与落后产能对外转移政策的冲突。房地产行业作为钢铁行业的下游产业，每年因建设消耗的钢材在钢材消费中占比最高达45%左右，因此钢铁供需结构受房地产市场需求的影响较大。近年来，政府为抑制房产价格过快增长，出台了一系列房地产限购政策，限制房产的需求，由于房地产业是螺纹钢的主要下游终端需求产业，导致生产此类钢材产品的钢铁企业没有足够的时间来应对房地产调控政策的突然转向，造成去产能过剩库存积压。而受房产政策影响的螺纹钢等半成品本该通过出口贸易实现产能对外转移，但受我国现行贸易政策对低端钢材出口限制的影响，即不鼓励螺纹钢等半成品的出口，又没有相应的贸易政策衔接钢铁产业的积压产能，造成出口国外产能转销停滞，过剩产能无法及时转移。由此产生房地产产业调控政策与落后产能对外转移政策的冲突，再次造成钢铁去产能转移路径受阻，抑制去产能目标的实施。

基于上述产业政策与贸易政策相悖对钢铁去产能效果造成的影响，本节提出以下产业政策与贸易政策的协同作用需求：第一，针对地方政府钢铁行业补贴政策与国家低端钢限制型出口贸易政策的冲突，应梳理针对钢铁行业的补贴政策和贸易政策细则，通过建立面板数据模型，分析政府补贴前后对钢铁行业出口结构的影响，并对比企业享受补贴前后的出口贸易量，根据实证分析结果提出解决方案。第二，针对吸引外资政策缺乏针对性及其与去产能产业政策的冲突，首先梳理近三年来我国外资主要投资的企业以及大型国有钢企中外资投资比例，分析在外资扩大的同时钢铁产品产量及出口贸易量的变化以及通过中间投入品拉动对与钢铁相关的其他行业人员就业影响，进而总结出钢铁去产能过剩中对就业增长带来的直接和间接影响。其次分析去产能政策实施以来，大型国有钢企中 FDI 的变化，判断由于政策冲击造成的投资损失。由此总结并分析如何防止去产能中受"逆全球化"冲击造成的失业影响和外资损失。第三，针对现行的房地产调控政策与落后产能对外转移政策的冲突，应实地调研一些房地产价格变化较大的地方，如广州、深圳、厦门等地，分析政府在调控房产政策时是否会影响到螺纹钢等产品的出口数量，以及相应企业的利润率。同时结合被调查地方实行的钢铁贸易具体政策措施，找出螺纹钢等产品出口受阻的具体原因。分析如何在下游产业政策调控力度较大的条件下，实现过剩产能的对外转移，并提出相关政策建议。

第二节　纺织服装产业

绿色发展致力于打造高效、环保、可持续发展的经济增长模式，且绿色发展已经成为未来产业发展的重要趋势之一。绝大多数国家大力推动绿色产业蓬勃发展，以此促进国家经济结构的优化，同时大力宣传绿色发展理念，使其深入人心，加快人民生活方式向低碳环保的模式转变。党的十八大报告首次提出"推进绿色发展、循环发展、低碳发展"，十八届五中全会进一步将绿色发展上升为国家经济社会发展的基本理念和治国方略。近年来，习近平总书记也多次做出绿色发展相关论述，其中包括2017年5月26日习近平总书记在十八届中央政治局第四十一次集体学习时，明确指示"加快构建绿色循环低碳发展的产业体系"，做出产业发展新要求。李克强在第七次全国环境保护大会上论述了新时代经济增长与绿色环保的关系，说明了我国产业以环保促进发展的根本要求。因此本部分重点梳理当下纺织服装产业对外贸易方式与绿色发展理念相悖的具体表现，分析企业转变对外贸易方式面临的问题。探究纺织服装产业对外贸易在绿色发展下，产业政策和贸易政策协同作用路径。

一、纺织服装产业发展方式转变的必要性

纺织服装产业作为我国传统支柱产业，对于带动其他产业发展、稳定就业、保障民生、拉动内需增长具有重要作用，但是纺织服装产业也极易带来环境污染，同时随着全球一体化和贸易多元化的发展，世界各国的联系日渐加强，使得污染不仅来自本土生产制造过程中资源过度开发、粗放利用等，还来自境外的污染转移。自20世纪80年代初，国外废旧服装以走私形式进入中国市场，通过分拣及加工等简单处理，再进行销售，这极大地增加了我国环境治理的难度。这种背景下，我国面临的环境问题越来越严峻，而环境问题不仅与当前人们的生活息息相关，更涉及子孙后代的繁荣昌盛。习近平总书记在十八届中央政治局常委会会议上曾指出："如果仍是粗放发展，即使实现了国内生产总值翻一番的目标，那污染又会是一种什么情况？届时资源环境恐怕完全承载不了。在现有基础上不转变经济发展方式实现经济总量增加一倍，产能继续过剩，那将是一种什么样的生态环境？经济上去了，老百姓的幸福感大打折扣。"不仅如此，习近平总书记著名的两山理论也明确了在经济发展中注重环境问题的重要性。因此，纺织服装产业作为全球第二大污染产业亟待转变发展方式，生态环境保护是其转型升级的重要着力点，打造污染小、耗能少、可持续发展的生产模式是纺织服装行业的改革重点。

国内的纺织服装产业污染情况严重，发展方式急需改变。中国，是世界大工厂，自1994年起，纺织服装类产品的产量和出口量就远超世界其他国家，且在世界范围内产销的占比逐年上升。纺织服装产业是传统的劳动密集型产业，可以提供大量岗位来吸纳劳动力，增加地方财政收入，因此集聚了众多轻纺工业的长三角、珠三角等地成为国内经济最

发达的地区，但是在经济发展的背后也出现了一系列严峻的环境问题。纺织服装产业链较长，污染主要集中于染整环节。

污染类型主要有三种，水污染范围最广、程度最为严重。印染废水是整个行业最主要的污染来源，大部分废水不经过处理直接排入海中。该类废水中不仅包含纺织服装产品的纤维原料，还含有很多加工过程中添加的化工原料，部分原料是有毒有害物质，且难以分解，会对人体和动植物造成严重伤害。此外，废水中有机物含量高，直接排放会导致生态环境中磷等元素超标，造成生态系统的紊乱。其次是大气污染，纺织服装产业在生产和回收处理的过程中都可能涉及锅炉的使用，且该行业多以煤等非清洁能源作为燃料，生产及处理过程中燃料的燃烧会导致大量的燃烧废气、二氧化硫和烟尘等直接排入空中。噪声污染也是纺织服装产业的一大污染类型。这主要来自纺织厂的梭织机，工厂内的噪声大大超过了人可接受的标准，给纺织工人及工厂周围的住户带来了健康隐患。

纺织服装产业受国外污染转移影响巨大，发展方式亟待转变。纺织服装产业的污染转移主要是通过废旧纺织品（俗称"洋垃圾"）的进出口来实现。欧美等发达国家垃圾处理成本高昂，而中国的环境成本相对较低，因而在中国发布新的《禁止进口固体废物目录》之前，中国是废纺织品进口大国。废纺织品进入国内，通常经过处理、运输和销售三个环节流入消费者手中，但是各个环节都存在污染问题，因此这种废旧原料加工生产的方式需要整治。一是处理环节的污染。已经使用过的、沾染了各种污迹的废旧服装在筛捡和翻新过程中并没有进行消毒，且处理过程通常伴随水污染。无法翻新的垃圾服装通常采用直接焚烧、填埋等简单方式处理，这会给大气、水域和土壤环境带来严重损害。二是运输环节的污染。运输的过程极易导致二次污染，例如，运输途中没有任何防护措施，废旧衣物由于已经使用过且未经清理消毒，很容易滋生各种细菌病毒。此外，废旧衣物也可能在途中染上其他细菌，服装材料更是为微生物的繁衍与传播提供了适宜的环境。三是销售环节的污染。部分垃圾服装从太平间、垃圾场回收，普遍存在血渍、污迹、代谢物、呕吐物等，容易造成病菌传染，且垃圾服装中不乏大量童装，这会对儿童的身体健康带来严重伤害。

表 4 - 1　废旧纺织品处理各环节环境污染表现

污染环节	污染表现
处理环节	已经使用过的、沾染了各种污迹的废旧服装在筛捡和翻新过程中并没有进行消毒，无法翻新的垃圾服装通常通过直接焚烧、填埋等方式处理
运输环节	没有相关保障措施避免运输途中沾染细菌
销售环节	垃圾服装存在病菌，影响人类身体健康

二、纺织服装产业发展方式转变困境

1. 绿色化生产导致产量的收缩与不断扩大的纺织服装产品的需求矛盾

一方面，目前我国纺织服装产业大力推动产业向绿色环保发展方式转变。中国纺织工业联合会党委书记高勇在行业工作会议上提出应从六方面推动纺织服装产业绿色化的转型，即完成环保指标、加大污染治理力度、促进资源循环利用、扶持绿色设计、生产绿色化、建立绿色体系。然而为了实现这些转变，一系列排放指标不合格的企业需关停整治；为了做到从源头减少污染排放，做到集约化生产等，企业生产规模的降低无法避免；增加绿色研发的投入同时也会增加企业生产成本，带来经营困境，使企业退出市场。最终造成国内纺织服装产品产量的收缩。

另一方面，纺织品是日常生活必不可少的一部分，也是全球经济的重要部门。其中服装占比最大，且在过去 15 年里，服装生产几乎翻了一番。这主要受全球中产阶级人口增长和成熟经济体人均销售额的增长推动。后者的兴起主要是因为"快时尚"现象，随着新风格的快速转变，每年的服装推陈出新，数量增加，而且通常是以低价发售。服装需求持续快速增长，特别是在亚洲和非洲等新兴市场。预测显示到 2050 年，服装总销量将达到 1.6 亿吨，是现在的三倍多。

因此纺织服装产业在推进产业升级的过程中，我国纺织服装产品总产量的减少无法满足不断扩大的世界市场需求，主要纺织服装进口国转而寻找替代市场，从而导致我国在世界纺织服装产品市场竞争力下降，市场份额减少。因此，目前纺织服装产业转型升级的困境之一是解决绿色化生产与满足不断增加的服装需求之间的矛盾。

2. 绿色产业与贸易政策仍需细化以满足纺织服装产业转型升级的需求

近年来我国环保政策不断收紧。2010 年之前以行政制度、行业规范为主且执行力度较弱；2010—2015 年政策逐渐细化，环保指标提高；2015 年后政策制定上升到法律层面，中央环保督查组的多次督查也反映了其显著加强的执行力度。

例如 2018 年 5 月 30 日，生态环境部办公厅公布《危险废物鉴别标准通则（征求意见稿）》，通则的落实，将使得国家对危险废物的鉴别及处理更加清晰明确、有针对性，对处理后的危险废物判定也更加规范。纺织行业运作过程中涉及危险废物排放的环节较多，受到的行业环保监管压力也更大，国家对危险废物的判定、鉴别、处理标准的明确，有助于清楚识别危废处理技术不过关的企业。除此之外，近年来，我国众多省份也颁布了一系列环保政策，例如浙江省自 2014 年 4 月 1 日起，将排污费征收标准调高，是以往的两倍多。收费标准的提高极大地增加了企业的污染处理成本，以此迫使企业减少排放，降低污染。

但是目前政策仍不全面，无法全面解决阻碍产业绿色发展的问题。产业政策方面，环保投入巨大，企业利润低下，增加经营风险。印染过程中染色、漂白、脱水、定性等工序会产生大量废水。有报告经过测算得出，如果处理废水达标，印染行业每年环保处理投入为 70 亿元，约占 2017 年总收入的 2%，行业目前潜在的环保投入缺口约 10 亿~20 亿。《纺织工业发展规划（2016—2020 年）》指出要"发挥好中央和地方财政资金引导作用，利用现有资金渠道，支持纺织行业科技创新、技术改造、智能制造、绿色制造、品牌建设、行业服务平台建设等"，但也并未细化具体的资金支持措施。此外，还可学习其他国家的经验，从生产者和消费者两方面着手：一方面，建立生产者责任制度引导企业的行为，即厂商的责任并非在产品售出后就结束，而是直到消费者使用完成后才结束；另一方面，从生活垃圾的整治引导消费者的行为。贸易政策方面，绿色贸易政策较少，使之无法与产业政策协同作用，促进产业转型升级。例如，缺少包括在出口环节征收环保税等在内的绿色贸易政策；差异化的环保税率的设定范围还不够全面和完备等。单凭产业政策引导国内投资和消费需求转型，很难实现产业绿色发展，达到产品质量提高和节能减排的目的。

3. 产业生产标准和环保指标未与国际接轨，导致出口不符标准，影响转型升级

全球范围内"逆全球化"趋势愈演愈烈，在新贸易保护主义盛行的背景下，中国作为轻纺产品的主要输出国，纺织服装产业面临巨大的压力和挑战，其中主要影响因素之一是进口国的绿色贸易壁垒。根据商务部科技司统计数据，中国纺织服装行业因他国绿色贸易壁垒产生的损失呈现逐年递增势头，21 世纪初期的年损失金额约为 10 亿美元，较 20 世纪中后期损失金额翻了一倍，2008 年较 5 年前损失增加了 54.55%，金额扩大了 3.6 亿美元。损失主要是因中国的部分纺织服装产品受到了他国绿色贸易壁垒的规制，进口国认为中国部分产品不符合进口国的质量认定、生产标准或环保指标等方面的内容，受到限制的产品主要集中于纺织纱线、织物及制品、服装及衣着附件等。具体对中国的限制包括：认定纺织服装产品的包装不符合环保和绿色的包装要求；生产者并未获得 ISO9000 质量体系的认证；生产者也未获取 ISO14000 环境系列认证；纺织服装产品中砷、铬、铅、汞、镍等化学元素残留量超出最低标准等。

虽然 2001 年中国相继出台了《纺织品通用安全技术要求》与《生态纺织通用及特殊技术要求》，提高了我国纺织服装产业的绿色标准。同时，国家环境保护总局重新制定了 HIBZ30—2000《生态纺织品》纺织品生态标准，并于 2007 年 3 月 23 日召开了全国标准化会议。但是中国出口纺织服装产品受到的绿色壁垒仍然显著，纺织服装产品出口份额持续走低。主要还是因为中国出台的各类指标相较国际相关标准仍有不小的差距，例如染色牢度、异味、耐水牢度等指标都低于国际上最具权威性的 Oeko – Tex Standard100 所规定的生态纺织标准。

综上所述，中国纺织服装产业想要重振雄风持续保持较高的出口份额，避免受环境保护标准较高的发达国家的市场挤压，需要重点关注进口国家的各类绿色准入法律法规，不断提升自身生产水平，生产出质量优、合规范的纺织服装产品。同时，这也对我国的产业政策提出了新的要求，技术标准和环境指标的提升会在短期内增加企业的成本负担，为了帮助企业，尤其是中小企业顺利过渡，还应出台一系列扶持政策。由此使得外贸企业获得发达经济体的市场准入，促进中国外贸纺织服装企业的绿色制造，构建绿色贸易通道。

三、纺织服装产业对产业与贸易政策协同发展的需求

近年来，党中央高度重视推进我国绿色发展，习近平总书记多次做出相关论述，如"把解决突出生态环境问题作为民生优先领域"，"坚决打好污染防治攻坚战，就要集中优势兵力，采取更有效的政策举措"，但是纺织服装产业作为劳动密集型产业，应对污染治理和转型发展的过程中会存在成本提升、人员失业等问题。李克强总理在全国生态环境保护大会上强调"建立常态化、稳定财政资金投入机制，健全多元环保投入机制，研究出台有利于绿色发展的结构性减税政策"，"提高环境治理水平，充分运用市场化手段"，这给纺织服装产业绿色发展提供了思路，也对产业与贸易政策的制定提出了新的要求。目前政

策的不足主要体现在四个方面：

（1）国内产业政策之间不协同，企业绿色发展诉求与稳定出口相矛盾。目前我国服装产品出口量增速放缓，2012年，产品出口增速急剧下滑，由上一年度26.3%的增长率降为负数；2013年，出口情况有所好转，出口增速提高至8%；2015年和2016年，纺织服装的出口又有所萎缩，分别下降了4.9%和5.9%，这也是中国从20世纪90年代末以来纺织服装出口首次呈现连续两年下滑，并且下降幅度还呈现出逐年递增的局面。主要原因在于我国纺织服装产业发展目前面临美国、英国、德国等发达国家提出的诸如工业4.0等工业复兴浪潮和越南、印度、柬埔寨等新兴国家不断扩大生产及出口的双重压力。发达国家在技术创新与品牌塑造等方面具有较强的实力，产品主要集中在高端面料、服装及智能化纺织服装产品等领域；而广大发展中国家则借助自身劳动力成本低廉的优势，依托区域或双边贸易协定进一步降低自身贸易成本，从贸易数据上看，新兴发展中国家纺织业均呈现显著的上升势头。《纺织工业发展规划（2016—2020年）》一方面强调"加快绿色发展进程，要从建设生态文明新高度推动纺织工业节能减排，发展低碳、绿色、循环纺织经济以推动行业转型升级"；另一方面要求"纺织品服装出口占全球市场份额保持基本稳定"。然而，企业通过绿色发展的战略，加快生产绿色化改造，研发推广先进绿色制造技术无疑会在短期内增加企业生产成本，进一步降低我国纺织服装产品的出口竞争力，这与我国"稳外贸"的目标，以及扩大对外贸易的政策相背离。

（2）国内产业政策与贸易政策不协同，进口禁令导致的成本增加与鼓励中小企业转型的产业扶持政策冲突。新出台的贸易政策全面禁止外部废纺织原料的进口，确实有效地从源头控制了洋垃圾运输、加工及销售可能造成的污染，但是这一禁令也使得一些具有废物处理资质的中小企业丧失了重要的进货渠道，大幅提升企业生产成本，该类企业本可以在环保要求下，通过物理方法或化学方法将废旧服装转换成布料进而循环使用，这与《纺织工业发展规划（2016—2020年）》坚持发展中小企业的促进行业发展的要求相矛盾。

（3）产业政策缺失，仅凭贸易政策无法解决废纺织原料进口后加工、销售环节的治理。2017年底，政府将包括废纺织品在内的4类24种固体废物调整为禁止进口。2018年4月13日，生态环境部、商务部、发展改革委、海关总署对现行的《禁止进口固体废物目录》进行的更新主要是扩大了禁止进口废物的范围，将32类限制和非限制进口类固体废物调入《禁止进口固体废物目录》。政策的出台极大地限制了服装洋垃圾的进入，全球废品市场供大于求，废品价格暴跌，使得原垃圾出口国转向其他市场或增加本国垃圾处理投入。然而该贸易政策却无法直接打击纺织洋垃圾进口后环节，该灰色产业链的加工和销售环节仍存在许多问题。废纺织原料的加工处理环节存在废料处理政府监管力度不够、相关法规不健全、惩罚机制不明的问题，同时还可能存在一系列的寻租问题，例如地方环保部门执法不严、监管不力，导致不具备经营许可证或排污许可证的废物加工企业处理进口的废纺织原料。翻新服装销售环节存在大量销售商拿货渠道不明的情况，导致不符合环保标准的服装流入市场的情况。新贸易政策在源头上限制了洋垃圾的流入，但是纺织服装产业进口洋垃圾时间长、范围广、规模大，且屡禁不止。为全面打击洋垃圾灰色产业链，提高环境治理效果，贯彻绿色发展理念，还应从加工处理和销售环节着手，配合产业政策，提升行业标准，增强行业规范。

（4）国内产业政策之间不协同，整治污染企业造成人员失业与保障民生稳定就业的要求冲突。比如，广东省政府根据"淘汰关闭一批、整顿规范一批、完善备案一批"的指导思想，2016 年出台了《广东省人民政府办公厅关于加快做好环保违法违规建设项目清理整顿工作的通知》，《通知》规定"对不符合产业政策、污染严重且治理无望或地方政府明确要求关闭的项目，省环境保护厅不予办理环保备案手续，由县级以上人民政府于 2016 年 12 月 31 日前依法责令停业、关闭"，"对符合产业政策但达不到环境管理要求的未建成项目，由县级以上人民政府或有关部门依法责令停止建设，并责成建设单位办理相关环保手续"，一系列政策促使县市政府积极开展企业污染整顿，广东省作为全国主要的纺织服装业产业集群所在地，纺织服装产业链完整，聚集了大量的中小企业，企业排污问题严重。2017 年 11 月，广州市新塘联合区职能部门出动执法检查，整顿关停新塘环保工业园及周边 76 家涉及洗漂印染的纺织污染企业，并在同年 12 月前完成第二批 15 家漂染企业的停止排污工作，2018 年 2 月 10 日前完成第三批 52 家漂染企业的停止排污工作。然而，仅第一批查处企业便涉及生产经营车间 289 个，工人约 2.3 万人。关停企业导致了大量人员被迫失业，停业待转型的企业也使得员工暂时失去了生活保障。这与习近平总书记所指示的"做好民生保障和社会稳定工作，把稳定就业放在更加突出位置，确保工资、教育、社保等基本民生支出，做实做细做深社会稳定工作"相矛盾。同时也和《纺织工业发展规划（2016—2020 年）》提出的"建设优质棉纱棉布基地，大力发展服装、家纺、针织等劳动密集型产业，有效带动就业"这一要求相矛盾。

第三节　信息通信产业

信息通信产业是构建国家信息基础设施的主体产业，为国家和社会提供便利的网络及信息服务。具有战略、基础性和先导性的特点，能够全面地支撑经济社会的发展与进步。该产业发展速度快、具有创新活力。自"十二五"以来，从整体来看，信息通信业呈现稳步增长的趋势。企业收入、产业规模大幅增长，关键技术不断突破，助力企业的转型升级。从消费者方面来看，用户普及程度持续提升，消费结构不断升级。信息通信基础设施的建设逐渐完善，自主创新能力有所增强。

但是，我国信息通信产业的发展面临诸多挑战，习近平总书记在网络安全和信息化工作座谈会上指出："同世界先进水平相比，同建设网络强国战略目标相比，我们在很多方面还有不小差距，特别是在互联网创新能力、基础设施建设、信息资源共享、产业实力等方面还存在不小差距，其中最大的差距在核心技术上。"同时，当前世界经济环境不稳定，保护主义抬头，"逆全球化"思潮暗流涌动，对缺乏核心技术的中国信息通信企业形成冲击。

一、信息通信产业企业面临的"逆全球化"冲击

2008 年金融危机后，全球范围内需求急剧收紧，经济增长放缓导致全球存量市场资源进一步萎缩，以美国为首的发达国家采取贸易保护主义措施来保护本土企业，"逆全球化"

趋势逐渐走强。全球贸易增长报告发布的数据显示，20世纪90年代到2007年全球国际贸易增长率为6.9%，而金融危机后直至2015年贸易平均增长率下降了一半多，降至3.1%，不仅如此，全球贸易增长率下降速度进一步加快，2016年仅为1.2%。在这一趋势下，中国企业受到了严重的冲击。自1994年起，中国已经连续23年成为全球范围内受到反倾销调查最多的国家；自2005年起，连续12年来受反补贴调查次数位列全球榜首。2016年3月，美国对中国通讯巨头中兴通讯发起贸易制裁，最终以中兴同意上缴罚款并更换董事会成员为条件而结束。2018年4月，美国再次发动贸易制裁，禁止其直接或间接从美国进口零部件、商品、软件和技术等。使得中兴通讯陷入无技术可支撑、无零件可购买的尴尬境地，致使中兴通讯损失惨重。究其根本是我国芯片核心技术的缺失。

中兴公司业务范围较广，涉及无线、核心网、接入、承载、终端、云计算等，但是其中最重要、包含核心技术的中间品——芯片，全部依赖于从美国进口。中兴通讯的营业收入可高达150亿美元，但是从收入结构来看，超过90%的收入来源于通信设备制造，但是支撑通讯设备制造的光通信、智能手机、核心网产品等主要业务模块的核心芯片，超过九成来源于美国进口，其中RUU基站零部件更是百分之百从美国进口。其实，纵观我国的通讯市场，我国通信设备龙头企业诸如华为、小米和联想等耳熟能详的知名企业的核心元器件也严重依靠美国进口，这导致我国信息通信产业面临巨大的贸易风险。

芯片是由若干微型电子元器件集成，包括晶体管、电阻、电容、二极管等，是整机设备的中央处理器，普遍应用于电子信息等领域。上游芯片企业主要负责芯片的设计，对应下游产品的具体要求，给出设计稿；中游企业针对芯片设计稿，进行集成电路制造，制造出芯片；下游企业则主要是进行外观设计及组装，将中游制造商制造的芯片装入终端机，形成如手机、计算机、交换机等设备的最终产品。

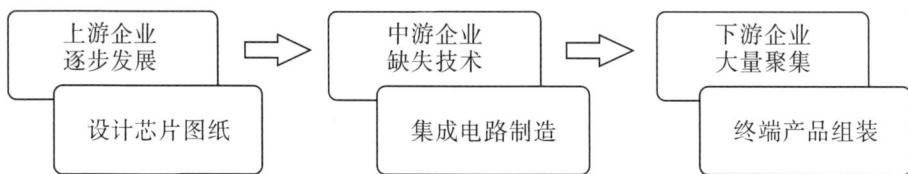

图4-2　芯片产业链

下游组装环节，大量中国企业聚集。目前我国信息通信产业企业仍主要处于价值链低端，重点从事进口关键零部件再组装出口业务，其中超过九成的芯片依靠进口。2017年，我国芯片进口额超过石油进口额，具体金额超2300亿美元。上游设计环节，中国龙头企业具有较强的设计能力。华为、小米等企业的产品设计实力都不俗，国产芯片在设计领域取得重大进步。中游制造环节，中国企业缺失核心的光刻机技术。这是中国企业的短板，主要问题在于，芯片电线密集，电子组件密度极大，因此制造高质量芯片需极度精准的光刻机，高精度光刻机生产商主要为美国的ASML，以及日本的尼康和佳能，但是顶级光刻机市场由ASML一家寡占。

芯片产业呈现出产业链不完整、分布不均的现状。上游企业虽取得发展但仍尚未形成规模，中游企业缺失核心技术导致我国尚未形成完整产业链，下游企业已形成规模效应与集群效应，但是由于其完全依赖于从外国垄断企业进口中间品，下游企业生产及出口量的逐年递增更进一步增加了贸易风险。一旦失去中间环节芯片成品的供应，众多下游企业将无法进行正常的组装生产，生产停滞将造成重大的经济损失。此外中兴股票也一度停牌，从 2018 年 4 月贸易禁令出台至 6 月初，公司损失超过 30 亿美元。

二、信息通信产业企业的发展困境

2018 年 5 月 28 日，习近平总书记在中国科学院第十九次院士大会、中国工程院第十四次院士大会上做出的演讲中明确提出："要推动制造业产业模式和企业形态根本性转变，促进我国产业迈向全球价值链中高端"，并且指出"要以关键共性技术、前沿引领技术、现代工程技术、颠覆性技术创新为突破口，敢于走前人没走过的路，努力实现关键核心技术自主可控，把创新主动权、发展主动权牢牢掌握在自己手中"。"逆全球化"给中国信息通信企业带来了沉重的打击，但也使我国企业进一步认清了当前所面临的严峻挑战，核心技术难题亟待解决，以推动我国信息通信产业迈向价值链中高端水平。但是目前企业在开展技术研发的过程中仍存在一系列阻碍。

1. 知识产权保护

中国政府于 2008 年出台了《国家知识产权战略纲要（2008—2020 年)》，奠定了知识产权政策未来发展的基础，逐步形成了知识产权公共政策体系，但仍存在涉及范围不全、体系不完整、保护水平低、实际运用水平差等问题。一是知识产权保护水平与我国地位不相适应。近年来我国专利申请量稳居世界首位，年申请量超过 100 万件，比美国、日本、欧洲的总和还多，但在知识产权保护和运用能力等方面，与美国、日本等发达国家之间还存在较大的距离。美国商会整理发布的《2015 年国际知识产权指数报告》中的数据显示，中国知识产权保护环境评分在 38 个经济体中排名第 22 位，仅为 12.64 分，不足美国（28.61 分）、英国（27.53 分）、德国（27.36 分）等国的一半。二是知识产权存在"侵权易、维权难"的问题。举证艰难、维权周期长、诉讼成本高、经济赔偿低已成为知识产权保护的核心问题。三是我国在国际知识产权保护领域的维权意识和实力均较弱。自 2000 年起连续 16 年间，中国受到美国政府针对企业知识产权侵权发起的"337 调查"次数远高于其他国家。中国企业在国际知识产权案中的败诉率高，超过 60%。令人意想不到的是，统计数据显示，我国企业商标在其他国家被抢先注册的情况严重，在欧洲被注册的中国驰名商标超过 500 个，在日本、澳大利亚被注册的也分别有 100 个和 200 个，其中不乏"英雄"金笔、"红星"二锅头、"红塔山"香烟、"康佳"彩电等知名品牌。四是知识产权产业自主保护不足。西方发达国家如美国许多产业都设立了知识产权联盟或协会，涉及的产业包括影视传媒产业、电子信息产业、互联网产业等知识密集型产业，此类产权联盟或协会积极参加与自身所在领域密切相关的知识产权保护活动，为产业内知识产权保护的监督及相关法律的制定与执行做出了重要贡献，极大地规范了产业内知识产权保护体系，为产业内企业最大化争取合理权益。相比之下，我国知识产权产业自主保护作用不足，知识产权保护联盟、行业知识产权保护协会等组织数量极少、规模小，解决各类知识产权纠纷的能力弱。

表4-2　主要发达国家或地区知识产权保护的相关政策

国家/地区	知识产权保护相关政策
美国	相关知识产权费用可以列入加计扣除范围，对外购资产实行摊销政策，对知识产权许可转让收入实行15%所得税优惠税率，对包括知识产权在内的投资所得实行20%优惠税率
欧洲	对中小企业有激励作用的知识产权保护政策，主要包括申请资助政策、费用减免政策、知识产权引进费用资助政策、知识产权企业贷款优惠政策、知识产权企业风险投资政策、知识产权产品政府采购政策、专利许可和资本利得所得税优惠政策
日本	对共同承认的技术，技术转移机构（TLO）可给予最多达3 000万日元的年度资助和上限为10亿日元的贷款担保，对TLO专利申请费和审查费实行三年减半收费
韩国	建立了向高校派驻的专利管理顾问制度和高技术专业化审查制度，规定知识产权收入可减免所得税或法人税，职务发明专利转化收入免征个人所得税

2. 制度问题

一方面，由市场决定技术创新项目是否立项还存在诸多困难。我国对建立技术创新市场导向机制已经明确，但是在实际操作中还需从各个体制机制层面加以落实。首先，以科技项目为例，高校或科研机构针对产业的科研项目的立项、执行和审核脱离市场化的要求，多以项目通过验收为最终目标，导致项目的理论成果缺乏市场检验，无法真正解决产业问题。其次，目前高校、研究所等科研机构对于科研人才的评价具有"重研究轻应用、重成果轻转化、重论文轻专利"的特征，在激励机制的设计上并未重视科技研究成果的市场化应用，从而直接导致了项目实施过程中对这一问题的忽视。此外，在项目研究成果的评价方面，缺乏对经济适用性、市场需求度、量产可能性等指标的考虑，评价方式较为单一，可能出现舞弊等问题。再者，以科技成果转化为例，目前缺乏相关的具体奖励措施，也没有相关法律涉及研究团队在成果转化后的技术权益分配的标准，这也给科研团队及个人的奖励落实增加了难度，无法给科研人员提供全面的保障。

另一方面，产学研合作模式成功率不高。我国科技部曾对第一批56家试点的产业技术创新战略联盟进行绩效评估，总体效果不佳。当前产学研合作主要面临的问题是：第一，合作方式单一。通常以技术成果转让的形式为主，使用双方参与度以及利益相关性较高的合作开发模式和创办合资公司等合作方式的很少，而且即使采用这两种方式开展合作，也未能达到预期效果。第二，非正式渠道建立合作。大部分产学研合作是通过同学、亲戚、朋友等熟人介绍的方式达成合作关系。这种依托私人关系建立的合作，具有信息交换便捷、容易达成共识的优势，但也存在项目实施效果的评价带有人情色彩的问题，同时还可能具有一定的地域局限性等问题，这大大制约了合作的发展。第三，技术成果市场化水平低。目前产学研合作通常基于已有的开发成果来进行，开发方主要是高校和研究所等科研机构，即便在研究过程中研究人员会以企业实地调研、数据调查等方式获取市场信息，但是企业诉求和市场需求变化快，这无法完全避免研发信息不对称的问题，从而导致了研发成果的市场适用性不高。第四，产权制度不完善，存在合作过程中科研人员因担心技术外泄，而保留核心技术内容的问题。

3. 科研人才管理

最近几年，我国越来越重视科研人才的管理，相继出台了《"十三五"国家科技创新规划》和《关于深化人才发展体制机制改革的意见》等一系列文件，使得我国科技型人才的培育与激励体系逐步完善。科研人才队伍日益壮大，越来越多的青年才俊，投身于我国科技研发创新的浪潮中，为科研事业注入了新鲜血液。其中不乏有许多海外留学人才，科研人才队伍趋于年轻化。同时，国家大力支持创新平台的建设，在全国各省市设立一大批创新示范区、开发区、人才培养基地等平台，为科研人才提供了充分施展的空间。

但是在人才管理的持续性培养和人才流动机制的设计这两方面仍存在许多问题。一方面，科技型人才流失现象依旧严重。目前，大多数企业十分重视优秀科技人才的引入，不惜花重金吸引高端人才进入企业，为企业的技术创新贡献力量。但是企业往往忽视了人才引入后对应的考核激励机制和后期培养方案，同时也存在企业无法给科研人才提供良好的科研环境的问题，最终导致企业面临科研人才流动大，科研效果不达期望的局面。另一方面，目前没有完善的人才流动机制让科研人员能够在产学研合作中进行岗位流动，不能充分利用多方资源，促进科研技术的研发与科技成果的转化，体现出市场配置的优越性。

三、信息通信产业对产业与贸易政策协同发展的需求

十九大报告提出了"促进我国产业迈向全球价值链中高端，培育若干世界级先进制造业集群"的目标，而当前核心技术缺失阻碍了信息通信产业价值链地位的提升。针对我国企业价值链地位提升问题，2016年10月在中共中央政治局第三十六次集体学习时，习近平总书记提到"我们强调自主创新，不是关起门来搞研发，一定要坚持开放创新，只有跟高手过招才知道差距，不能夜郎自大"，还提及"要着力推进核心技术成果转化和产业化"。针对"逆全球化"的思潮，2018年7月，中共中央政治局会议上习近平总书记提出了通过一系列政策实现经济平稳健康发展的目标。这对我国产业政策和贸易政策的制定提出了新的要求，一方面，引导自主创新，推进核心技术成果产业化，促进价值链提升；另一方面，坚持开放创新，扩大对外合作，稳定对外贸易，形成以创新为主要引领和支撑的行业发展模式，并且加强国际合作，扩大国际市场份额，积极拓展行业发展空间。因此需要产业政策和贸易政策双管齐下，协同作用。但是从现实状况考虑，现有的产业政策和贸易政策间的矛盾，阻碍了信息通信产业的进一步发展，冲突点主要体现在三方面：

（1）国内产业政策与国外贸易政策不协同，国内鼓励自主创新的产业政策与国外贸易保护主义冲突。我国政府主导产业政策的制定，并通过政府补贴、优惠贷款、技术转移等手段，为企业提供研发、生产、销售等环节所需的要素，促使中国企业向全球价值链中高端迈进。但是这与国外政府所坚持的市场经济的公平竞争原则相背离，国外政府指责这种做法会对全球贸易体系的健康发展产生威胁。以美国为例，特朗普执政以来，实施了一系列以"公平贸易"为理念的具有保护主义性质的对华贸易政策。2017年美国《总统贸易政策议程》指出，美国将严格执行有关国内贸易法，加大反倾销和反补贴力度，总统有权实施暂时进口禁令；2018年，美国针对中国知识产权、强制技术转移等问题展开"301"调查，并采取征收惩罚性关税等贸易保护措施。

（2）国内产业政策与贸易政策不协同，开放创新与营商环境发展不充分相冲突。我国一直坚持扩大开放，对于信息通信产业，习近平总书记在网络安全和信息化工作座谈会上明确强调要坚持开放创新，欢迎外国互联网企业投资，并且在中共中央政治局会议上明确提出"保护在华外资企业合法权益"。但是据世界银行发布的《营商环境报告》可知，中国营商环境排名第78位，与排名前列国家相比，我国在提供便利化、法治化、国际化环境上还有许多不足。例如，在便利化环境上，统计数据显示在中国开办企业需22.9天，仅申请营业执照一项就需要7天，这已经超过其他三个国家在开办企业的全部用时（新加坡2.5天、新西兰0.5天、美国5.6天）；在法治化环境上，我国对知识产权的保护远远不够，"山寨"现象横行，制假售假屡禁不止，知识产权的维权成本过高，同时解决商事纠纷的法律法规不完善，尤其缺乏解决国际商事纠纷的经验。此外，我国非诉讼解决机制应用不到位，大量的协商、调解没有法律效力；在国际化环境上，我国仍存在着与WTO规则不一致的法律法规，营商惯例和通行规则与国际通用标准还有差异，这些问题都会阻碍国际贸易往来并产生贸易摩擦。

（3）国内产业政策之间不协同，国内各地政府竞相出台优惠政策造成恶性竞争。例如，2017年北京市海淀区研发补贴政策规定，对于符合研发投入补贴资格的企业，按其上年新增研发经费的30%给予补贴，最高补贴金额300万元；2018年厦门市研发补贴政策，对各区符合要求的企业，最高可资助800万元研发资金；2018年深圳市研发补贴政策对符合要求企业的补贴金额更是最高可达1 000万元。各地政府出于政绩考核、经济发展等多方面考虑，出台了一系列研发补贴政策支持信息通信等战略性新兴产业的科技进步，但是过度补贴会造成地方政府的恶性竞争，阻碍人才、资金、技术等要素的自由流动，同时还可能出现寻租和腐败行为。

第四节　自由贸易区

我国自2001年加入WTO以来，不断受到美国、欧盟等贸易政策的限制，其中最具有代表性的是美日欧三大经济体成立的"ABC"组织对我国贸易的制裁。为满足对外开放中我国经济转型的需求，增强我国在WTO国际经贸规则制定中的话语权，带动我国重点产业升级，为我国今后经济发展培育良好营商外贸环境，2013年9月李克强总理在国务院会议上提出并通过《中国（上海）自由贸易试验区总体方案》，决定建设我国第一个自由贸易区——（上海）自由贸易试验区。2015年3月24日，关于上海、广州、福建、天津建立自由贸易区的计划顺利通过。

"十三五"规划特别提出："加快实施自由贸易区战略，推进区域全面经济伙伴关系协定谈判，推进亚太自由贸易区建设，致力于形成面向全球的高标准自由贸易区网络。"虽然现阶段我国自由贸易区（以下简称"自贸区"）的建设步伐逐渐加快，但随着发达国家"逆全球化"趋势的增强，欧美等国纷纷开启贸易保护的措施，我国自贸区的建设也受到了一定的冲击，甚至可能出现自贸区泡沫。自贸区作为我国新时期开展对外经济发展战略的重要衔接点，对于技术创新和产业升级起着引领作用。当前，我国经济发展进入新常态、新时期，其特征不仅表现为经济增速的放缓，更表现为增长动力的转换、经济结构的再平衡，同时更加注重开放平台的建设。习近平总书记在十九大报告中指出："要赋予自由贸易试验区更大改革自主权，探索建设自由贸易港。"本节将通过梳理自贸区的形成机制，深入探究自贸区在"逆全球化"影响下对产业转型升级的作用机制，从而剖析自贸区的建设对我国对外贸易和吸引外资增长的重要性，为后续解决政府相关部门监管思路冲突提供相应的理论依据。

一、自贸区对促进产业转型升级的推进作用

我国自贸区政策的实施以海关保税、免税政策为主，通过给予区内企业所得税税费的优惠等政策，降低我国的对外贸易成本，提供更便利的服务。与前三节分析思路不同的是，自贸区本身是协助我国重点产业对外贸易发展的一种贸易政策，因此为了深入探究自贸区对促进产业和贸易政策协同发展的作用机理，本节首先收集、总结了一些可能存在的作用机制以及自贸区在促进产业、贸易政策协同发展中存在的问题，为后续进一步量化分析政策提供研究方向。

（1）自贸区内贸易自由化可以优化贸易结构，促进产业转型升级。我国在过去的经济快速发展时期，一直以低成本快速集聚制造业的产能，自贸区作为我国对外开放的贸易政策，我国政府赋予自贸区较大的自主权，通过在自贸区内建立新的产业规划，形成以进出口贸易、航空港运输、电子机械设备制造等为导向的产业。在中央放开地区差异性监督的管理体制下，为实现在贸易区内交易的自由化和快捷化，加强和周边保税区的一体化进程，进一步实现贸易自由化，提高通关的效率，降低成本，加快制造业等生产性企业的集聚效应。在目前国际需求逐渐疲软且我国产能过剩严重的情况下，产业转移是迫切需求，而且我国的钢铁、煤炭等产业在出口的过程中频繁遭遇反倾销等贸易壁垒，在产能转移的过程中遇到了阻碍。通过搭建贸易平台，贸易自由化可以改善我国的贸易加工方式，提高一般贸易比例，降低加工贸易占比，优化上下游的产业链。对于具有自主研发和创新能力的企业来说，自贸区可促使其更好地生产高端价值产品，引导其向政府鼓励的产业方向发展，促进我国由低附加值产品向高端产业价值链的转移。如广东自贸区结合自身优势，通过产生溢出效应，带动港澳产业带的衔接，推动我国向第三产业的转型，由加工贸易自由化推动服务贸易自由化；福建自贸区则促进与台湾自由贸易，探索对台产业合作和服务贸易开放等新的发展模式，衔接产业的转移和升级，实现生产要素、技术资金、人才设备等的快速流动，更加接近向高附加值产品的制造转型。

（2）税收优惠政策和监管制度的创新。目前自贸区的税收政策主要是免税、出口退税和增值税优惠。在自贸区内进行生产加工活动的企业的某些重点生产加工环节所需要的进口技术配备和生产线工艺，区内可以适当地给予厂商免收进口关税及增值税的优惠，降低企业的运营成本的同时，积极引进高端技术设备和产业链，对于从其他启运港进行货物出口的企业，在自贸区中转的出口货物享受启运港退税优惠试点。总的来说，对我国四大自贸区而言，上海自贸区为企业所得税、融资租赁出口退税和飞机进口环节等方面给予税收优惠；广东南沙自贸区则实行离境退税政策，并且对于融资租入的跨境大型电子机械设备给予税收优惠，可随时租给境内企业使用，为国内企业引入大量外资设备资源的同时还拉

动了区内经济增长；福建厦门海沧自贸区则按区内企业入驻等级和购入设备价值给予不同税率的补贴；天津自贸区特别针对境外机构投资者利用股权投资开发了一套新的缴税纳税政策，方便了外企离岸业务的往来和发展。河南、辽宁等第三批自贸试验区主要是为了推动西部产业向中部和东部产业转移，起到促进内陆和沿岸自贸区更好衔接和沟通的作用。通过物流新经济、贸易新经济、服务新经济助推市场价值链的升级，同时加强贸易管制和创新协调发展，加速从"通道经济"向"枢纽经济"转换，努力实现"买全球，卖全球"。如辽宁通过制定重点产业发展政策，设立产业投资引导基金，调整东北老工业基地结构；浙江建立健全国际航行船舶保税油管理制度，探索一船多供等多项监管创新，推动船舶保税油的业务快速发展；河南通过建设现代综合现代交通枢纽，吸引资本技术和促进高端集群产业的发展；四川通过与沿海地区签署战略合作协议，确定产业转移合作、招商引资收益共享、多式联运物流体系建设等促进内陆和沿海的协同发展。

（3）跨境人民币结算等金融创新制度的设立，为外资提供宽松优越的融资环境。首先，跨境人民币结算政策的设立，利用自贸区境外发债的方式来融资，解决企业融资困难，降低融资成本，为企业走出去的战略提供了支撑作用，如广东南沙自贸区在推动跨境人民币交易的情况下，推动了港澳台合作的发展。金融制度的创新能够优化合作流程，升级产业链的发展。天津自贸区以其中心圈区域的辐射效应，加快了市场主体在区域内的产业集聚效应，带动了各类大型金融机构入驻，形成了投资商圈和跨境结算金融体系，开展了一系列投融资业务，为境内外资金流通渠道开辟了新的大门。其次，自贸区内的政策制定主要以服务产业升级和产品创新为目标，提高我国对外贸易的透明度和便利度，方便外资企业进入和投资，扩大外商投资渠道和减少程序性问题，能够更好地吸引外资流入；当地政府将资源优化配置到"十三五"规划所鼓励的产业和具有高附加值的产业中，推动第三产业结构的优化升级。再者，跨境资金池的设立，融入了大量海内外资金，为国内企业施行海外扩张提供了可靠的资金支持和提高了货币转换的效率，节约了时间和成本。

二、自贸区在促进产业、贸易政策协同发展中存在的问题

（1）地区重点产业政策与自贸区对外通关政策不协同，城市间产业带动协同效应较弱。首先，由于自贸区涉及产业领域较广，对外开放程度不同可能会吸引不同产业的外企投资入驻，如果自贸区政策与当地重点产业政策发展协同效应较弱，会增强当地重点扶持产业增强市场竞争性，甚至由于技术设备配置不高而影响产业转型升级，会进一步限制外资选择在区内投资业务的种类和范围。其次，我国长期以来的对外开放重点都聚集在中东部地区，政策倾向较为严重，很难在整体上将产业政策定位与自贸区的导向相协同，造成中心城市对周边城市的产业带动协同效应不足，中心城市的支柱产业链难以延伸到周边城市形成产业配套能力，不利于地区产业之间资源配置的优化和深度改革。容易出现各自为政的现象，从而形成区域内产业结构不合理甚至过于单一的情况，例如，沿海自贸区如广州和厦门，其当地产业主要以制造业和服务业等综合性业务为主，而内陆自贸区如河南郑州则以农业、航空物流产业为重点，武汉以生物医药等产业为重点。再者是沿海自贸区政策指向主要集中在对外通关政策、对外贸易金融创新政策、负面清单管理体制建设等，而内

陆自贸区则是集中在创新高技术生产服务业、吸引外资入驻的初级发展模式。由此一来，会在人力、物力、财力的组织安排上存在着协同监管的难题，而且在不同管辖区的范围内，由于监管的区域存在政治文化等差异化的发展，所采取的措施也难以覆盖全面和统一。

（2）地方过度补贴政策与自贸区内税收优惠政策不协同。税收优惠是吸引外资投资，促进区内对外贸易加快产业发展的重要途径，目前我国自贸区的税收政策结构较为单一，多以"所得税减免""所得税递延"等为主，大部分自贸区的税收优惠政策还沿用着出口退税等旧的保税区政策，相对来看并没有较大的优惠力度，对外资引入的吸引力不大。且我国目前地方区域税收优惠政策过多，特别是在高新区、经济特区等承载特殊功能地方，出台一系列重叠的吸引外资投资的税收优惠举措，如先对部分企业的产品征收部分关税之后再根据销售和分配比例进行返还，多退少补，土地租赁价格优惠等"多重变相的补贴举措"成为政府通过税收获取当地 GDP 增速的主要手段，导致了大量的企业陷入投资恶性循环中，此举会使市场资源分配的区域流向偏离，并产生过多的偷税漏税等不端行为，还为国内一些企业趁机扎堆获利降低成本提供了"机遇"。如广东深圳前海自贸区制定了着重对高新技术产业给予所得税优惠税率减免政策，但同时当地政府也一直在扶植高新技术产业的发展；珠海自贸区的吸引外资投资优惠政策与当地区域内企业的补贴措施多有重合；福建平潭综合试验区出台的融资租赁税收优惠政策与厦门当地政府政策背道而驰，区域政策与自贸区实践脱节就会影响实施效果，进而影响外贸和投资的稳定性。从国外的相关经验看，美国根据各个区域经济土地价格和租赁制度来制定不同的关税政策，而地级政府对自贸区内的其他税收优惠措施的干预很有限。我国自贸区税收优惠的力度和方向将会直接影响相关产业的发展和结构转型问题。

（3）自贸区内金融创新政策与贸易管制政策的不协同。首先自贸区内通过建立一系列的负面清单机制来吸引外资投资，扩大优惠政策力度促进当地产业发展，但这些优惠政策同时在一定程度上也放松了金融交易和贸易汇兑的管制，缺乏针对非法套利和反洗钱等预防措施。监管力度过于松懈，便会降低知识产权和供应链机制的安全性，对外投资性项目过多且繁杂，投资产业单一，难以对投资主体进行细致规划和清晰界定，长此以往容易造成投资的产业产能过剩。其次是人民币国际化离岸市场的机制建立，人民币国际地位得到提升的同时也会面临着相应的汇率风险。从国际市场来看，目前虽建立了离岸市场机制，但配套的汇率风险防范措施还不完善，发达国家的机构投资者会借此机会利用汇率差进行套利，进而损害和冲击国内金融市场，提高我国的通胀水平和房地产等市场价格，导致短期内价格波动剧烈；从国内市场来看，国内外的人民币资本在自贸区内自由流通，可能会弱化人民币的自主性和独立性，主要体现在三个方面：一是上海自贸区和香港将同时作为人民币的两大"离岸市场"，但如何对外流的资金进行合理的监管以及对货币市场流向合理的划分意见还未明确统一；二是上海自贸区内人民币回流机制怎样设计才能更好地适用于香港，并且保证在上海自贸区规模不断扩大的同时与香港资金进行紧密的衔接和汇兑转换，防止资金外逃，同时将有限资金用在企业有效投资和产业链价值提升方面仍有待解决；三是对上海自贸区如何应对来自世界各国的货币回流，现行的区内贸易政策是否与我国的货币政策存在冲突，金融风险应对措施是否健全，企业的资本供应渠道是否会受金融创新政策的影响，又会如何限制对外贸易的稳定性和外资投资项目方向等问题提出进一步改进的要求。

第五章　新时期中国产业与贸易政策协同发展机制设计基础[①]

党的十八大报告明确提出"强化产业与贸易政策协调",并将其作为全面提高开放型经济水平的重要任务。改革开放以来,随着中国经济发展和对外开放的持续深入,对外贸易规模屡创新高,我国已成为世界领先的贸易大国。但是当前经济运行稳中有变,面临一些新问题、新挑战,外部环境发生明显变化,"逆全球化"思潮和保护主义倾向抬头,中国与主要发达国家之间的贸易摩擦也频繁出现。2018年7月31日,中央政治局在年中经济会议中提出要求:"要保持经济社会大局稳定,坚持稳中求进工作总基调,加强统筹协调,形成政策合力,精准施策。"把脉开方,保持经济社会大局稳定,深入推进供给侧结构性改革成为当前经济发展的重要工作。

党的十九大报告指出"支持传统产业优化升级,瞄准国际标准提高水平,建设现代化经济体系的经济发展战略新目标",这为我国产业与贸易政策发展指明了新的方向,提出了协同发展的要求。李克强总理在《政府工作报告》里对2018年政府工作提出:"我们要以更大力度的市场开放,促进产业升级和贸易平衡发展,为消费者提供更多选择。"因此,深刻理解新时代经济新发展理念,认真思考谋划产业与贸易政策协同发展机制,合理应对国际环境复杂变化的冲击,加快实现供给侧结构性改革,保持经济平稳健康发展,既是当务之急,也是长久之策。结合第二、三、四章的研究成果,本章拟解决的核心问题是厘清中国产业与贸易政策制定与实施过程中政府部门间的冲突与合作。主要从五方面进行分析:①国内重点产业识别;②国际产业与贸易政策变化对我国重点产业发展的影响;③中央与地方政府政策制定与执行的关系;④产业和贸易部门之间政策的制定;⑤大数据技术对产业与贸易政策协同发展的作用。

第一节　从国内外环境识别目前我国经济发展的重点产业

一、国内外经济形势分析

2018年是国际金融危机全面爆发的第10周年,也是世界经济格局大发展、大变革、大调整的一个重要转折点。2018年作为全面贯彻落实党的十九大精神的开局之年,也是深化改革开放、进入经济发展的新常态的重点时期。虽然中国用30年的时间赶上了欧美等

---

① 本章由暨南大学产业经济研究院周飞言执笔。

资本主义国家用百年的时间建立的工业化初级阶段，且部分领域在国际上走在前列，但全球化生产方式变革不断加快，国际发生的各项重大事件，技术、产业结构、贸易规则等各个层面将在未来较长时期深入影响我国的经济走势和改革开放的进程。值得提防的是，美国通过"货币政策正常化＋保护主义＋规则高标准化"的政策组合，正在诱惑或逼迫全球资本向美国流动，以新规则为基础强化发达经济体"统一战线"，对中国、印度等发展中国家施加"资本流出＋规则边缘化"的双重压力。总体来看，当前世界经济呈现出动力减弱、分化明显、下行风险上升、规则变动趋快的特点。我国在高新技术产业等重点产业领域对经济的贡献相对较少，面临着国内外经济发展环境的不确定性和多样化的发展趋势，如何根据国内外经济形势识别我国重点产业及确定今后政策制定方向将会是目前需要迫切解决的问题。

国际环境方面，自金融危机以来，各国经济形势都呈现收缩的状态，且国际关系也趋于紧张和谨慎的状态，以美国、日本、欧盟为主的发达国家的通胀水平在波动中持续保持上升状态，围绕市场、生产要素等方面的竞争更趋激烈，国际经济趋势不确定性增加，各国的贸易保护主义抬头倾向日益严重。从进出口贸易走向来看，出现"逆全球化"思潮，我国经济实力越强，受到各个发达国家和新兴经济体的打压越大，贸易摩擦威胁越大，针对我国实施的各类贸易保护措施所引发的摩擦案例数不胜数。以美国为首的资本主义国家几乎从各个方面对我国外贸施压，几年来，我国的产业大到钢铁、纺织服装、电子光伏，小到马铃薯、水果等无一不受碰壁之苦，都在不断遭受贸易调查。不断升级的贸易冲突极大影响了国内厂商的投资信心和决策，国内贸易增长率被显著拉低，经济增长和就业形势受到威胁，令我国逐渐偏离全球经济的复苏轨道。从企业投融资的角度来看，跨国企业在我国设立的数目频频增加，英国、法国等实施的减税措施提高了本土企业投资自己国家的概率，减少了我国企业资本回流的渠道并降低其效率，由此带来的国际需求量减少将会限制我国的全球贸易量和进出口额，形成投资壁垒，对我国相关产业对外发展和出口市场的扩展都造成重大影响。此时，我们需要将有效资本用在"重点产业"这个刀刃上，识别出重点产业及其发展方向来应对严峻的国际环境。

国内环境方面，我国经济供给侧结构性改革进程不断加快，经济发展质量已经迈向了中高端的发展阶段，在平稳进步中谋求产业发展方式的迅速转变和提升是我国现阶段的目标。虽然近年来我国在服务贸易、技术设备、人才就业和资金支持等方面的制度不断健全，对外经济技术交流规模日益扩大，开放型和现代化的经济体系不断完善，但仍面临着社会主义市场经济转型升级的压力。当前国内投资、消费、出口等指标均有下降趋势，产业高度化和服务化还非常欠缺，经济增长的内生动力还不足，面临的结构性矛盾较为突出。一方面，受资金融资成本、材料进货价格上涨、工资上涨、汇率上升等因素的影响，以钢铁、汽车等产业为基础的制造行业的盈利能力明显不足，各个行业就业形势严峻，民营化不足的国有企业生产压力增大，经济下行趋势严重。加之产业链的传导机制导致中下游企业的价格成本增加，创新动力不足，影响产业转型升级和高附加值产品产业链的提升。另一方面，国内投资环境紊乱，监管力度不足，投资的盲目性将会诱导产业偏离正常的经济发展轨道，大量资金成本陷入恶性循环，影响高科技和重点产业的发展。同时，对比发达国家经济结构，我国现存的三类产业发展结构和发展模式并未完全符合社会主义市场经济的运行规律。粗放型的经济增长模式已难以为继，必须以转型升级促进经济发展，健全与科学发展要求相适应的体制机制。在现实中，受国际环境和国内产业转型升级需求双重压力的作用，我国经济发展将在多方面受到影响，故而在研究产业与贸易政策协同发展机制和实施手段之前，有必要对受影响的重要产业进行识别。

有鉴于此，本节在第二、三章研究的基础上，拟从应对经济转型升级需求压力和国际逆全球化环境冲击的防御能力两方面，识别出符合我国现阶段经济发展需求的重点产业，并为第六章提出实施产业发展的路径做铺垫。

二、识别重点产业的理论来源

为识别出我国现阶段经济发展需求的重点产业，我们拟采用网络分析法。识别重点产业的科学理论有三种：第一种是风险冲击识别理论。该理论具有一定的宏观价值，主要是从对实体经济敏感性的角度出发，通过构建风险冲击指数，把历史中曾出现较大危机的某种产业水平作为参考值。倘若处于该参考值两倍或以上，则认为该产业发展形势较为严峻，需要重点关注，以此来测度不同产业在国际经济环境中的风险变化，从而识别出重点产业发展需求。但并非风险冲击指数较高的行业发展会遇到危机，相反，适当的风险冲击可以刺激该行业及时引入先进的技术和资金进行创新，防止遭遇全球经济危机。第二种是产业价值链及其分拆理论。该理论是识别重点产业的核心论点，认为不同国家或地区的实体经济或产业的发展都需要依赖独特的生产加工系统、技术研发人员及商业规模等，依托该类产业不同产品生产环节的特征，根据上下游生产环节的薄弱性和关联性寻求在某一分割点上的最大值，实现产业价值最大化。因此该理论能够很好地为识别现阶段国内重点产业，提出转型升级的需求提供思路，在产业转型升级的过程中，需要依靠多种环节去创造价值，特别是高附加值环节，一般与科技研发关联度高的环节为高附加值产业链，也是我们急需转移和提高的环节，而决定这一转移过程和有效性的，则是基础加工贸易环节和生产环节，也是识别重点产业的关键基础。第三种是主导产业选择理论。该理论主要由主导部门理论、比较优势理论、竞争优势理论和动态比较费用理论四个部分组成。首先，主导部门理论起着"领头羊"的作用，具有支配效应，能够帮助区域经济在发展中识别出具有创新能力的产业集群中的主导产业或部门。其次为比较优势理论和竞争优势理论，二者是分析产业区位竞争优势常用的理论依据，以生产要素作为判断某一产业在市场中是否具有较强竞争能力和成本优势的标准，进而分析其对市场资源配置的有效性，对识别重点产业具有较高的参考价值。通过前面分析，我们将重点产业识别理论总的概括为"一心四维"架构，所谓"四维"是分别从环境维度、资源维度、市场维度和政策维度出发，通过以外部环境导向、比较优势导向、市场需求导向与竞争优势导向为代表的四个导向进行衡量。其中外部环境导向以企业周边的竞争对手和国内外宏观经济形势变化为导向，作为环境维度的衡量；比较优势导向通过对生产要素的资源配置效率分析，作为资源维度的衡量；市场需求导向则是以消费者为中心，通过观察消费者偏好来寻求最优产业或产品，进而实现社会福利最大化，作为市场维度的衡量；竞争优势导向则是厂家通过预测竞争对手，结合政府的政策标准，制定合理的营销策略。这四种维度是市场内部各个产业之间联系的体现，也是识别重点产业、提出发展需求的基础构架。

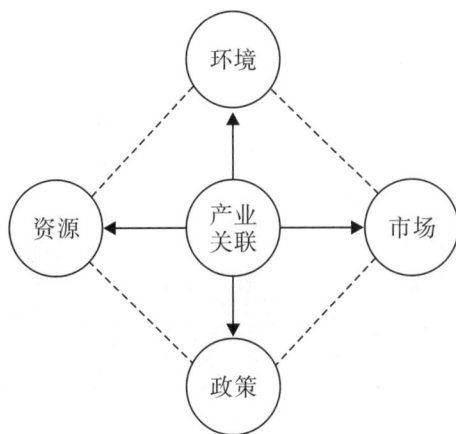

图 5 - 1　重点产业识别理论基础架构

　　在对重点产业选择理论的梳理与综合的基础上，构建八大基准要素的分析框架，即市场需求基准要素、技术基准要素、关联基准要素、产业基准要素、生产要素基准要素、区域主体功能基准要素、制度与政策基准要素以及全球化基准要素，如图 5 - 2 所示。在此基准要素分析的基础上，形成一个动态的指数分析体系，衡量不同经济区域内的不同产业，并结合该地区的实际产出情况选择侧重点进行分析，进而形成现阶段我国经济发展重点产业的识别体系。以下为识别重点产业的几个主要基准要素：

　　（1）市场需求基准要素：指某种产业在面临不同市场环境中的需求结构、所需的市场规模和市场占有率。

　　（2）技术基准要素：以该产业生产率的高低和未来增长趋势来判断其拥有的技术含量、发展水平和未来技术发展潜力。

　　（3）关联基准要素：用来判断该产业对周围产业集群的辐射能力和带动能力，能否起到较好的市场引领作用，这也是产业能否被识别为重点产业的关键要素。

　　（4）产业基准要素：用来判断与该产业发展相关的配套设施、发展环境、上下游产业链的协调能力和技术水平是否足以支撑起未来的发展规模。

　　（5）生产要素基准要素：是产业发展包含的必不可少的各项基本要素，如土地、技术、劳动、资本等，不同生产要素在该产业产品生产的不同环节起着不同程度的作用，任何一个环节要素的缺少都有可能影响行业的成本和产出效率。

　　（6）全球化基准要素：该要素主要受国内外经济环境的影响，用于判断今后产业发展的方向，给予产业准确的定位并设立符合实际的目标。

主要是指国内外市场中某产业、产品或服务的需求，包含需求结构、市场规模和国内需求增长率	产业辐射与带动能力，要求所选择的产业对区域产业链和产业集群具有较强的带动性、推动性和辐射能力	生产要素禀赋基础，包括资金、技术、土地、水、能源、矿产、人才、劳动力、基础设施等多种资源要素	政府的影响，即制度与政策对各产业的影响，选择政府扶持力度大、投资环境好、政策受益多、外部成本低的环节予以重点发展

市场需求基准要素	技术基准要素	关联基准要素	产业基准要素	生产要素基准要素	区域主体功能基准要素	制度与政策基准要素	全球化基准要素

生产率上升趋势，即需要深入、细致地分析各个产业的技术含量、技术发展水平、技术难度及生产率上升潜力	产业配套基础与协作能力，包括：一，产业环节本身发展的历史、规模及水平；二，相关产业和支持性产业发展的状况；三，产业集群与产业扩张能力	区域发展框架约束，以持续发展和环保选择基准，指产业选择要锲合区域主体功能定位这个大前提，不能犯方向性和原则性错误	国际环境与国外因素的影响，以国际化与全球产业链演变发展的广阔视野，来分析和研判该产业未来发展的主要方向，进而结合自身条件明确产业定位，找准重点发展产业

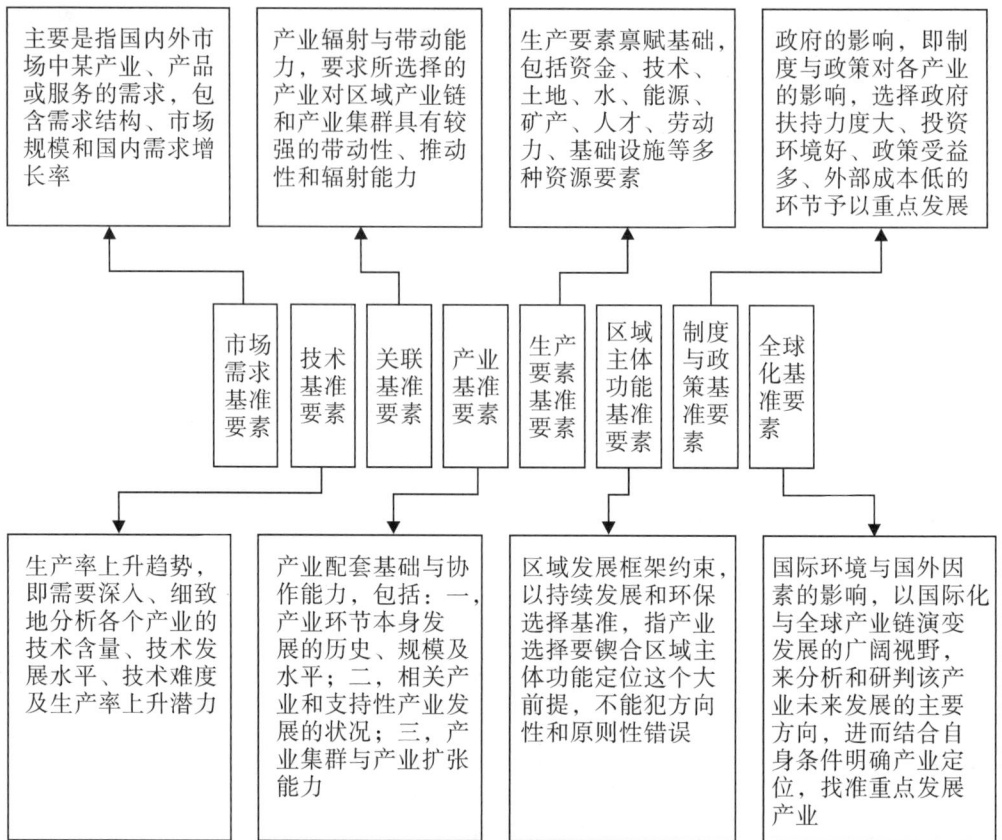

图 5-2　八大基准要素动态指数分析体系

第二节　国际产业与贸易政策变化对我国重点产业发展的影响

一、国内重点产业与贸易政策的互动需求机制

　　国外研究理论通常将产业政策看作经济管理政策的一部分，是国家为了促进该地区区域经济发展或行业竞争力的提升，对企业内部产品生产线的投资领域进行的不同程度的干预和差异化对待。首先产业政策涵盖相关产业的组织政策、技术研发政策、财政税收政策、人才引进政策等，可以作为破解经济中最关键问题的约束条件。而对外贸易政策被认为是一国在一定时期根据经济体的发展环境和目标制定的关于进出口商品的准则，是一国经济和外交政策的重要组成部分，能够加强和完善经济体制的建设，随着产业发展的经济环境和政治政策而不断变化，促进地区重点产业的快速发展。但单靠企业的规模和竞争优势不足以支撑我国对外的发展，需要政府选择一批外部效应强、贸易优势强大的重点产业给予支撑，并进行相应的外部战略保护。从先前的研究文献来看，最先提出有关产业与贸易政策互动需求相关的理论应该是亚当·斯密和李嘉图的幼稚保护理论，该理论从贸易和

关税保护的视角出发，认为产业发展到不同阶段需要不同的关税政策给予协助，以此来凸显产业的竞争优势，但在不完全竞争的要素市场中，在扩大企业规模取得竞争效益的同时，应该充分发挥产业的外部性和溢出效应。政府需要适当地出台相应的贸易政策进行战略性的支撑和财政政策给予投资渠道的扩充。特别是对于发展中国家而言，要想提高国际上的竞争优势，就要尽快识别并发展重点产业，在产品不同生命周期中利用比较优势选择合适的出口国进行加工贸易和出口贸易，这对提高一国的国际地位和水平起着关键的作用。从我国的情况来看，我国应该借鉴美国、日本等产业与贸易政策的协调经验，特别是加入 WTO 以后，我国开始了较大程度的制度变迁，需要对差异化的产业结合多样化的互动需求机制，从不同的行业出发，根据该行业的特征和发展目标，以及与政府和市场的协调能力，灵活地调整该列产业政策和贸易政策的互动。

政府出台的产业政策和贸易政策应该是相辅相成的。产业的发展和转型升级需要相应的贸易政策引入外资的扶持，不断吸收新的生产元素和国际经验。贸易政策需要一定的产业经济作为主体，根据产业政策创造与之相适应的经济环境，加强产业国际竞争力。随着国际经济贸易联系的日益密切，一体化趋势程度的加深，进出口贸易商品在国际上的活跃程度和差异化程度也在不断地提高，国际投资环境和投资机构主体也都出现了较大的变化。国外经济体为增强本土产业竞争优势，鼓励外资的大量入驻中国企业，国内企业大规模的并购，跨国企业的频繁出现，都会限制国内部分基础支柱产业和品牌产业的发展。但由于信息在传递中的不完全性和政府制定政策时缺乏合理的科学体系，导致在和不同的经济体频繁贸易往来的过程中会产生不同程度的影响，因此需要产业政策和贸易政策根据环境做出相应的调整，及时互动并作相应调整。

二、应对国际政策变化需要国内产业政策与贸易政策协同

产业政策与贸易政策适应国际政策变化的必要性：

（1）加强与 WTO 贸易规则接轨，提高我国主体地位。国内重点产业政策与国际贸易规则的衔接性将直接影响着我国在 WTO 中的主体地位和国际竞争力。我国作为 WTO 成员国之一，作为新兴经济体之一，在迫切加入发达国家等较强大经济体行列的同时，如何协调国内相关产业政策以更好的姿态应对国际贸易形势和趋势的变化将是我们面临的重点问题。从这十年国际发展的形式可以看出，各个发达经济体带动周边发展中国家形成的世界统一大市场，这将会是牵一发而动全身的状况。国际投资资本在各国贸易往来中大规模的快速流动，以及各国国内经济政策与其对外贸易政策的互动日益突出，导致每个国家在制定本国产业政策和贸易政策时也必须考虑到与 WTO 贸易规则的适应性和协调性，不能损害到别国的经济利益。一旦我国在制定产业政策和贸易政策时只基于自身利益最大化的考虑而忽视了与 WTO 贸易规则之间的相互协调性，损害到贸易伙伴国的利益，该国将会对我国进行相应的贸易抵制。因此加强国内产业政策与贸易政策的互动性和协调性，能够满足国际贸易组织对我国贸易政策要求的诉求，帮助我国在 WTO 中与各个贸易伙伴国更好地接轨与联系，建立良好的国际品牌形象。

（2）减少我国遭遇发达国家贸易救济调查次数。我国加入 WTO 以来，相关的重点产

业政策与贸易政策之间缺乏良性的互动，这直接影响了产业政策与贸易政策效果的呈现，导致部分政策在促进国内产业结构优化升级方面的作用无法很好地体现出来，甚至与最初意愿相反，由此产生一系列的国际贸易摩擦事件，使我国在国际经济交往中频频处于被动。特别因"逆全球化"趋势的加强，美国、欧盟等把我国视为较强的竞争对手，对我国的钢铁产业、光伏产业等支柱产业采取一系列反倾销的贸易制裁措施，而我国在该类出口产业遭受贸易调查的同时，国内并没有针对此种情况给予相应的产业政策支持或补贴。长此以往加大了国内产品生产商和出口贸易商的博弈，出口市场价格受挫，市场机制稳定性下降导致产品质量良莠不齐，出口市场进入恶性循环模式，遭受贸易调查频率升高，不利于我国重点产业的发展和打造国际产业价值链。因此为我国重点产业发展开拓外贸市场，提高产业集聚力和竞争力，需要根据国际政策的变化不断调整我国相应的产业政策和贸易政策，以适应国际贸易规则的需求。

（3）解决我国在制定外资政策时面临出口结构不平衡的问题。保持足够的外资规模是我国重点产业走出去的一项重要把手。目前从外资厂商在我国生产的产品结构来看，大多是中间导向品和加工贸易，并不能从源头有效地提升整体产业价值链和实现产业的转型升级。加之长期以来，我国吸引外资规模扩大，重复产品增大，导致在国际贸易市场上的出口结构比例严重失衡，对重点产业的发展无法起到推动作用。因此，我们需要根据各国间外资入驻和迁移政策的变化来调整我国对外资方面的优惠补贴政策和贸易政策，以达到外资投资主体的平衡，这也是当今国际产业转移趋势加快背景下的迫切需求。

三、以美国、欧盟等为例分析国际政策变动对我国政策的冲突

本部分旨在厘清国际产业与贸易政策的变化趋势，进一步分析国际环境变化和国内相关重点产业之间的冲突与联系，以及各发达经济体的产业、贸易政策变化对国内相关重点产业的冲突与联系，对第三章的特征内容进行更为详细的补充论证和延伸，为第六章如何加强我国产业与贸易政策的协同发展提供路径。

国际各国产业、贸易政策的变化如表 5－1 所示，表中列出了近几年几个重要国家和地区产业政策的变化。

表 5－1　主要国家和地区产业政策

美国	《重振美国制造业框架》（2009）
	《美国制造业促进法案》（2010）
	《先进制造业伙伴计划》（2011）
欧盟	《欧洲 2020 战略》（2010）
	《一个强大的欧洲工业战略》（2012）
	《欧洲工业复兴战略》（2014）
	《欧洲工业数字化战略》（2016）

（续上表）

德国	《思路·创新·增长——高技术战略 2020》（2010）
	《数字德国 2015》（2010）
	《保障德国制造业的未来——关于实施工业 4.0 战略的建议》（2013）
	《智能服务世界 2025》（2015）
俄罗斯	《2020 年前俄联邦创新发展战略》（2011）
巴西	《强大巴西计划》（2011）
印度	《印度国家制造业政策》（2011）

（一）美国产业政策与贸易政策的变化及对我国的冲击

美国作为资本主义强国巨头，其出台的一系列政策举措将成为影响我国经济增长、产业发展方向和改变国际贸易政策的重要因素。特别是美国特朗普总统就任后，美国外贸政策转身变为以"扩大对美国更自由和公平的贸易"为总目标，对周边发展中国家及中美贸易关系产生了深远的影响。虽然美国标榜自己没有专门的产业政策，但显而易见，历届政府都在总统换届时更新制定了实质意义上的产业政策。自特朗普上任以来，美国政府已经发布了不少重点产业政策，虽然分散于联邦法案、发展计划、行政措施中，但"形散而神不散"，可看作为"特朗普式产业政策"，其核心目标是重振美国制造业，保持竞争优势，促进经济发展。

1. 特朗普式产业政策的三大特征

（1）奉行自由保护主义。这与在特朗普上任前提倡的自由竞争主义大有不同，其基本逻辑是从"一切为了美国"出发，以贸易保护主义和投资保护主义为原则，减少美国的贸易逆差，对其他国家实施贸易制裁，压制或滞缓这些国家优势产业或竞争力强的产业，以此换取美国自身产业发展的时间和地位，促进本土产业的振兴和创新性发展。美国防止了本土的知识和专利产权外流入其他新兴国家如中国，从而保障美国在全球长期居于领先地位。从表面看，特朗普现行的产业政策与此前的自由主义已分道扬镳，但实质上仍是在维护美国的霸权地位。

（2）以退为进，实行战略性减负。该政策从宏观经济发展角度出发，国际关系、国家战略以及企业等层面同时发力，降低国家成本支出，大大减弱了企业的政策性负担和外部经济协调性问题。从环保方面看，2017 年 6 月，特朗普正式宣布退出有 190 多个国家参与的《巴黎协定》。特朗普认为，该协定影响了美国具有传统优势的煤炭、石油等能源产业的发展，减少了就业机会，还将导致美国损失 3 万亿美元的国内生产总值，增加美国成本支出。退出之后，美国可以不用承担相应的减排义务，企业的负担将会减轻，有利于促进传统能源产业的发展。同样来讲，2017 年 10 月，特朗普政府废除了奥巴马政府的能源计划。从企业角度来看，2017 年 12 月，特朗普最新修订的关于降低企业税负和增加就业的方案，其直接目的是降低国内本土产业的投资成本。比如，将企业所得税的税率从 35% 降低到 21%，取消累进递阶；取消替代性最低限额限制；对于"穿透实体"类企业，非工资薪金部分的收入可享受20%的税前扣除；对股息所得从全球征税的"属人原则"转变为"属地原则"，对来自海外子公司（持股10%以上）的股息免税，对境外企业利润所得改用免税法。

（3）政府选择性干预，采取多项措施保障传统制造业发展。不同于奥巴马将再工业化的政策定位于高端制造业，特朗普政府对产业发展进行了选择性干预，即无论是新兴产业还是传统产业都要兼顾，缺一不可。特朗普政府重振煤炭、汽油、钢铁等传统行业，2018年1月，美国商务部在一份国家安全调查报告中表明，为了使美国钢铁业的产能利用率恢复到80%，计划对进口到国内的相关金属制品如粗钢、铝等给予关税限制，并采取措施严格降低进口额度。最大限度地减少与本地实验室合作的企业和其他实体的体制阻碍，促进技术转让，推动美国能源创新，积极促进高技术产业发展。特朗普政府积极推进纳米技术、先进计算和人工智能等新技术的研发；鼓励科学家并培育创新经济；放宽对无人机的监管。同时，还利用相关规则保护本土产业。比如，美国外国投资委员会（CFIUS）通过加强审查干预外资的进入，叫停了 CanyonBridge 基金收购美国 FPGA 芯片厂商莱迪思半导体等。

2. 美国对我国产业政策与贸易政策的冲击

特朗普产业政策具有典型的浓郁贸易保护色彩，这增加了我国在对外贸易发展过程中的贸易摩擦概率和冲突，阻碍了我国对外贸易的发展路径和上升空间，特别是美国盛行的保护主义政策，使我们在推动传统工业发展创新的同时，遭遇了美国高端技术产业出口的竞争压力。就汽车制造零部件产业链而言，以美国为主的出口供应商将会受到一定的冲击；就电子产业来讲，位于美国 LED 下游的应用企业则可能增加直接采购成本，不利于我国向高端产业链方向发展和升级；就投融资环境来讲，美国营造的减税投资环境，将会把我国部分企业挤出国外市场，影响对外贸易的资金回流，加之美国加息造成汇率上涨，通胀压力升高，大量外流资金无法在短时间内支撑国内产业链的良性循环。其次美国对我国高技术的出口管制，将会打击部分海外投资者对我国市场的信心，从而转战日韩或者印度等其他新兴经济体国家。对国内市场而言，外汇市场的受挫将会使得出口厂商转战国内市场，利用低价倾销策略销售被调查的积压商品，但如此一来，国内市场的良性运转和资金流的回收将受到影响，库存积压也会带来更多的失业问题，阻挡了产业转型升级道路。

（二）欧盟产业政策与贸易政策的变化及对我国的冲击

1. 欧盟产业政策和贸易政策的特点

欧盟现行的产业政策比较明显的一个特点是大大减少了政府的主动干预。与现行美国政策不同，欧盟奉行自由主义，以市场经济规律的正常运转为主导制定相应的产业政策，首先把产业政策的发力点和支撑点放在已有的制造产业上，利用已有的工业、服务业的基础和优势，在短时间内快速提高制造业的新兴产业和高端服务产业，将信息化和工业化有效地衔接和融合在一起是该政策的创新之处。同时依托绿色生产线融入环保技术和工艺，将新型产业政策推向世界以创造良好的市场发展环境，这点与美国采取的"特朗普式的产业政策"相反。欧盟一直认为唯有实行自由主义，遵循事物的自然发展规律才能更好地将产业政策和贸易政策协调融入世界。特别是进入21世纪之后，欧盟为推动新兴产业的发展，提高重点产业在欧美市场上的产业竞争力，不断探寻适应信息工业化结构的有效产业政策。现阶段欧盟所出台的产业政策主要以高新技术产业为主导，加大对研发技术和生产线创新的投入，开辟了一条具有国际化影响力的制造业产业生产线和高端价值链，减少由于政策变动和产业结构调整所引起的人工和租金成本变动。例如，在互联网信息领域，欧盟于 2000 年发布了"数字欧洲计划"，九年后开展了"欧盟物联网行动计划"，随后一年又继续公布了"欧盟数字战略行动计划"。一系列严密的计划帮助欧盟迅速抢占了国际信息产业市场约 30% 的份额。帮助欧盟提高国际竞争力的当属于制造业，欧盟为打造高端制造业价值链，避免进入"高生产率—低就业率低成本—低价格"的不利态势，一直努力加强制造业与第三产业的融合，以服务促科技，通过提升服务的可贸易性来获取更多收益。这一产业战略的显著成效使欧盟在金融危机后形成的以服务型为主导的经济结构中顺利获得提升。以欧盟 2011 年的数据为例，关于服务产业出口贸易额占总出口额的 35%；若加入出口制造品的服务，所占比重增值 57%。强大的数据支撑成为欧盟制造业提升的有利因素。同时，控制国外投资规模，保持国内的出口厂商占据大比例和出口竞争力。长期以来，欧盟将工业尤其是制造业视为经济复苏的重点，开展多项相关产业政策的制定并实施。欧盟制定的一系列"提高制造业"战略，都遵循着聚焦高附加值环节而形成的高端制造业产业基础，对现存的基础雄厚的产业高附加值环节进行再次改造。欧盟并不把低成本作为产业走出去的竞争优势，而是依靠研发创新、提升产品的服务质量及科技价值、形成别国差异化优势，这也是欧盟现阶段产业政策的目标。以德国为例，其曾在全球经济萎靡不振时期，通过加大对汽车制造的高端精密仪器的研发投入，以保持较高的出口量来占据在该产业中的国际地位。

　　纵观欧盟贸易政策近 10 年来的走向可得知，每次出台的贸易政策都无形中透露着欧盟对外界经济的态度和做法。欧盟的贸易政策和产业政策不同的是，前者延续了美国奉行保护主义的特点，由于欧盟内部市场受到了外部 GATT 大幅度削减关税并取消非关税壁垒强烈的冲击，为了保护本土的优势产业外流和茁壮成长，同时更好地应对中国、新加坡等新兴发展中国家优势竞争产业的挑战，加上欧盟各国内部资源长期分配不均衡，容易引起内讧的压力和挑战，欧委会等相关部门将会在很长一段时间内坚持对外实施贸易保护政策，也为了减缓自身受到来自全球四面八方经济体压力的逼迫。主要手段则是大量运用反倾销、反补贴等"双反政策"的贸易保护手段，在加强非关税贸易壁垒的同时，重新建立外资进入政策，尽最大努力保护欧盟合作伙伴国相关企业的利益。更重要的是，七年前欧盟为了保护自身利益不受损害，加快并更新改制了欧盟普惠制准则，极大程度削减了可以享受该最惠国待遇的名单，其中中国、巴西、印度等国赫然在列。

2. 欧盟对我国产业政策和贸易政策的冲击

　　欧盟出台的产业政策也具有保护性特征。这些政策看似消除了贸易障碍，但其实是加强了国外市场进军国内的"入驻条件"，其中一些起到了"壁垒"的作用，从而有效地保护了欧盟内部产业。欧盟出台的部分产业政策实质上已对他国构成了市场进入壁垒，我国的相关产业因此也受到了不利影响。受到负面影响的主要产业为电子机械产业和光伏产业，其中我国主要的出口机电产品有 90% 都受到了欧盟最近贸易规则的打压。严重增加了我国出口企业的交易成本和降低了我国国外贸易市场占有率，可能会造成我国的机电产品出口数量在短期内有所下降，不利于推动我国制造业的技术进步和产业升级，一旦被打压到退出欧盟市场，就达到了欧盟的目的。

我国成为世界第二大经济体以来，也逐渐成为欧盟第二大贸易合作伙伴。自 2001 年我国加入 WTO 后，随着和欧盟关系的升温，我国逐渐成为欧盟最大的进口原产地。作为竞争对手的欧盟在处理对华经贸关系中主要采取技术性贸易壁垒政策。该政策的限制和欧盟的打压领域主要针对重点产业原材料的出口、高端科技产业补贴和相关专利产权制度的保护。毕竟欧盟是几大经济体中最重视技术安全问题的，我国在纺织服装方面占有较大的市场，但由于产品规格和安全性不符合欧盟的规定，在对其出口过程中频频遭受欧盟的贸易救济调查，特别是在电器产品、儿童玩具、纺织服装产品等方面，由于我国在制定贸易政策时没有深入了解各国的市场监管情况和相似产品的政策措施，导致在对外贸易出口过程中处于水深火热的状态。

（三）日本产业政策和贸易政策的变化及对我国的冲突

日本产业政策的制定主要是依据其产业所处的地理位置优势和产出成本优势，从分布特征来看，日本的大型产业主要分布在太平洋沿岸地区，包括东京、名古屋一带，无论是航运、海运都有着便利的物流和通关口岸。日本首先抢先利用物流优势发展对外贸易，其次利用高超的研发技术优势尝试开放性的贸易保护政策，结合灵活的关税制度，对本土产业进行保护。其在金融危机后转变为倾斜的生产方式的产业政策结合严格管制的贸易政策，从对知识密集型产业和劳动密集型产业的扶植到贸易自由化的政策，二者基本是同方向相互配合发展。从产业类别看来，首先，纺织业作为日本经济恢复时期的重点发展产业，是重要的商品出口产业，约占 48.2% 的出口额，但这不利于我国目前促进纺织业发展进度；其次则是以重化工产业等知识和技术密集程度高的产业作为经济发展的重点产业政策，特别是在矿产品和机电产品方面有着大量出口比例，与此同时采取关税自由化的政策限制汽产业、机电产业等国外进口产品的比例，不利于我国钢铁、光伏等产业走出去和去除产能的实施。

日本近几年贸易政策的变动：随着日本逐渐成为世界经济大国，它也面临着国际资本主义国家的威胁和贸易摩擦，贸易政策在由主动型的传统保护政策转为了国际协调性的贸易政策，通过不断重建贸易政策提高产业竞争力和国际化地位水平，以投资促进发展是当前日本对外开放的战略。目前，我国是日本较大的投资和出口市场，大量的资金外流，加上贸易逆差，会带来较大的汇率波动冲击，对我国产业对外贸易的发展不利。同时日本在未来两年内将会取消对我国部分产业如纺织业等产品的进口关税优惠，但保留了我国竞争对手——印度、孟加拉国等国的普惠制，此举将严重削弱我出口产品在日本市场的竞争力。日本作为我国对外出口的第四大市场，该政策的实施将会限制我国出口企业的销售市场，特别是那些出口附加值较低产品的企业，如加工贸易产品、劳动密集型产品等。此外，由于近年来我国劳动力成本及物价水平不断上涨，纺织等行业用工成本平均高出东南亚国家 1～3 倍，日本普惠制的终结将导致我国相关产品在日本面临更加不利的竞争形势。企业对外出口成本的增加会降低企业在贸易市场的竞争信心，减缓产业向高附加值产品升值的步伐，阻碍我国产业转型升级的进程。

四、结合贸易摩擦案例分析国际环境对产业的冲击

以中美贸易摩擦为案例，分析国际政策环境变化对我国相关重点产业与贸易的影响。

首先，根据目前中美贸易摩擦的程度和美国产业和贸易政策特点进行分析。从我国出口市场现状来看，我国目前遭遇美国的调查案例主要涉及反倾销、反补贴、高关税保障措施等手段。从我国进口市场现状来看，美国认为我国现阶段对外开放程度严重不足，他们将以自身利益为中心，通过加强相关产业的知识产权保护和利用其他手段加强对中国的戒备。而这种反全球化的保护将会破坏制造业在中国的国际化分工，损害中国产业链，破坏世界产业结构。从近期的中美贸易摩擦事件可以看出，美国在对待中国具有优势和它自己具有优势的贸易领域的政策是不同的。其一，对中国具有优势的出口领域采取反补贴调查，并对调查的货物征收高比例的反倾销税款，严重打压了中国产品价格低的优势。其二，在中国没有优势的进口领域，美国主张要求中国开放市场。而在中国技术短缺的产业领域内，美国则主张限制高技术产业的出口。其三，美国以中国没有优势的知识产业领域作为战略重点，加大对中国政府的逼迫，不断要求其加强有关知识产权等方面的保护。

其次，从中美贸易摩擦分析对我国今后产业和贸易发展产生的影响。主要有以下三个方面的影响：

1. 加速中国出口优势的退化

首先，全球出口增速近六年呈持续下行状态，各国对外贸易的扩张速度几乎都遇到了阶段性瓶颈。这一变化主要源于发达国家制造业"外包"转"内包"的趋势。美国抛开WTO框架下的反倾销、反补贴等措施，更多采取基于国内法的"301"调查、"232"调查等，对进口商品增加关税壁垒，其今后发展趋势将会对技术等出口施加更多管制。美国的保护主义加上其贸易伙伴的顺水推舟，各种关税和非关税壁垒将会在国际市场中提高，导致国际贸易自由化水平严重倒退，这必然会弱化中国相关产业的出口优势。这也会直接导致全球贸易方式较大程度地改变，最能反映该变化的则是全球产业贸易价值链的收缩和产业附加值进程的减慢。其次，处于出口国身份的产品出口量在全球出口中占比将会普遍呈n型状态，即到达出口巅峰后便会迅速回落。此情况在德国与日本的经历中可以找到先例。同时，我国作为新兴市场的领头羊，从 20 世纪 90 年代至 2015 年的贸易出口情况统计中也能反映出该种变化，现在出口量有向韩国、印度等国迁移的迹象。中美贸易摩擦是一个导火线，即使没有中美贸易战因素，中国也将面临全球贸易扩张乏力及中国出口份额下降的双重压力，而中美贸易摩擦升级则加速了这个过程。

2. 恶化投融资环境和海外业务的发展

首先，恶化融资环境。高端制造业属于资本密集型行业，强大的资金周转能力和优化的融资结构是企业发展竞争力产业的有力保证。现阶段中国的基础货币投放与贸易顺差有着较强的正相关关系。如果中美贸易摩擦持续，这将对中国的国际收支状况产生重大影响，并最终导致货币政策收紧，利率上行，融资成本升高以及人民币汇率的持续波动，降低了国外市场对中国相关出口产品的需求。中美贸易摩擦如果在短时间内不能得到较好的

解决，持续的时间越长，对中国经济发展造成的影响就越深刻，使中国经济难以保持现有的发展速度。其次，加剧市场竞争。美资企业将携其资本、技术和科技研发优势进入中国高科技制造业市场，如何提升市场适应能力和市场竞争能力将是中国出口企业面临的紧迫课题。最后，影响海外业务发展。目前，中国重点产业的对外投资货币主要是美元。中美贸易摩擦升级将使美元的稳定性面临新的挑战，从而使中国油气企业的海外投资面临较大的汇率波动风险，以及资源国加强美元外汇管制而加大投资回收难度的风险。

3. 延缓中国产业转型升级的步伐

美方列出的500亿美元及2 000亿美元关税清单商品中，以中国制造业产品居多，且与"中国制造2025"品类多有重叠。从近三年经验看，我国高技术制造业投资增速远高于制造业整体投资，但2018年前7个月其领先优势有所收窄。美国发动贸易战的动机是限制中国制造业的转型升级，无论贸易战的结果是什么，都将对我们通过兼并收购或直接购买国外先进技术实现赶超产生负面影响。目前，我国在高端芯片等核心技术方面还没有取得突破，这个时候通过国家战略加快突破是很有必要的。这对于企业来说，既是挑战也是机遇，依托强大的内需市场，加大研发投入，完全有可能在一些领域实现重大技术进步。当然，知识产权保护是企业加大研发投入的保障，否则"创新驱动"无法实现。总的来看，通过提高产自我国的某些新兴产业的产品的关税，直接提高该产业产品的销售价格，从而遏制其需求，这是从市场方面影响我国新兴产业成长速度的最大因素。从供给面看，会限制我国企业在美投资尤其是并购高技术企业，也会抑制我国战略性新兴产业的成长速度。

有鉴于此，我们下一步应重点思考如何优化对外贸易结构，如何借鉴国际经验来弥补我国产业与贸易政策协同发展机制建设的缺口，在减少贸易摩擦的同时提高对外出口产品的质量。同时，如何有效地借助"一带一路"倡议的引力作用去补充和完善高科技领域的知识产权保护政策，制定具体的科技产业政策以促进中国高科技产业的快速发展，将中国重点产业推进世界前列，将会是我们进一步值得探究的问题。

第三节　中央与地方政府政策制定和执行的关系

党的十八届三中全会明确提出，要"最大限度减少中央政府对微观事物的管理""直接面向基层、量大面广、由地方管理更方便有效的经济社会事项，一律下放地方和基层管理"。回首过去几年，在简政放权背景下，各地纷纷根据实际情况制定相应的产业与贸易政策，地方经济得到了一定程度的提高，产业与贸易水平得到了一定程度的发展。但同时也需要注意到，作为理性经济人，地方政府的目标是最大化地方利益，导致在经济发展过程中往往忽视风险的积累，致使中央与地方政府利益冲突与资源浪费现象发生。因此，如何构建和完善中央与地方政府政策制定与执行协调机制对于新时期中国产业与贸易政策协同发展体系而言是至关重要的一环。本节拟对比国内外产业与贸易政策的执行体系，结合分权理论和晋升锦标赛理论等，旨在厘清中央与地方政府间的政策执行机制、地方政府间政策制定的竞争关系，分析产业与贸易协同发展过程中中央与地方政府间的利益，为构建和完善中央政府与地方政府的协调机制打下基础。

一、中央与地方政府间的利益关系

（一）政策执行体系对比

中国独特的经济制度与庞大的经济体架构使得政策的传导机制具有复杂性，对比日本、韩国等国家，虽然东亚经济体具有政府主导的共性，但是政策实行模式仍有较大区别。从产业政策来看，日、韩等国采取"主管机构—产业"连带的"两层级"模式，主管机构具有集权性，由其积极推动产业政策的发展，日本对应机构为经济产业省，韩国为企划财政部。在此种模式下，地方政府不参与产业政策的制定与执行，但是政治高层通常会出面协调，使经济发展议题可在各部委事务中得到政策优待；而中国由于其经济体量较大，形成了"中央—地方—产业"的"多层级"模式。

一般认为，这些中央层级的东亚经建官僚体系，除了权力集中之外，也具有 Evans 所提出的"镶嵌自主性"（embedded autonomy），即政策决策单位直接面对企业与产业，在政策决策上具有相对自主性，又能深嵌于产业部门，成为对接产业与政府的重要桥梁，既能据此理解产业实际状况，进而有能力拟定可行的政策，又能向产业界有效传达政策信息，故能有效施行政策。Amsden 则强调东亚的特殊之处在于其能对资本予以规范（discipline capital），因为对资本补贴是全球普遍现象，但在补贴同时也提出规范性要求（reciprocity），并以绩效标准（performance standard）作为衡量准则，这是东亚特色也是其成功的关键。

此外，日、韩等国的"两层级"产业政策的模式还可兼顾贸易政策的实行，使产业与贸易政策协同发展。这主要得益于这一模式以扶植产业的国际竞争力为目标，产业以出口导向发展模式为主，产业政策制定基于本国产业进入或扩大国际市场的考虑，根据外销实绩衡量企业与产业绩效，并以此标准进行政策的调整。更为重要的是主管机构除了拥有包括优惠、补贴、研发等在内的诸多产业政策工具外，还拥有汇率等贸易政策工具，政府结构复杂度较低，协调也相对容易进行，使得产业与贸易政策可以相互配合。

在中国，拟定政策的工作是由中央政府负责，而政策的执行则是由诸多地方政府分别面对产业与企业，各级部门所享有的权力各不相同。除了中央地方存在纵向关系之外，中央的不同部委地位平行，难免会出现令出多门的情况，政策的协调难度较高。现在中央层级主导产业政策的中央部委，理论上而言应是中央计委转型而来的国家发展和改革委员会（发改委），然而除了发改委之外，有时也会有其他中央部委参与，如由中央部委直接管控的中央层级国有企业（央企），就会由该部委而不是地方政府来管控企业并执行政策。例如，2015 年国务院推出的《中国制造 2025》计划，就是由工业与信息化部来负责规划，虽然发改委与科技部也高度参与，其他还有包括财政部及教育部等二十多个单位也参与了此次计划。部委之间的协调当然也会产生问题，产业政策的负责单位趋于多重，政策目标也可能会依据单位而有所不同。

（二）中央与地方政府政策执行的机制

目前学界主要有两种理论分析中央政府的监督与激励地方政府的行动。一是分权理论，即中央下放权力到地方，使得中央的权力逐渐减少，地方政府在经济发展、行政管理等方面拥有更多的自主权。地方在中央的规制下，可以进行自主改革。另一种理论为"晋升锦标赛理论"，该理论表明地方政府在贯彻落实中央下放的政策时，根据该政策对政绩考核影响的权重大小排序来选择，首先执行对晋升考核有益的政策，忽视不可量化的"软指标"。在过去很长一段时间内，地方政府重经济发展，轻绿色环保是一个广泛存在且影响深远的问题，主要是因为经济指标是政绩考核的重要因素之一。现在将地方环境治理也纳入政绩考核，这极大地推动了各地污染防治工作与经济建设齐发展。因此，从政策执行的角度来看，地方政府在贯彻落实中央政策时，可能出现受财政激励和晋升激励的影响，搁置损害自身利益的政策而导致政策落实不到位的情况。也有研究表明，地方政府政策执行的主要影响因素除了晋升激励和财政分权外，还有政治任务，即在短时间内集中国家力量，共同应对某些特殊性任务。而晋升激励、财政分权和政治任务的执行方案或具体内容主要是根据中央政府提出的政治理念进行设定和调整，最终作用于地方政府。其中政治理念包括战略方针、总体布局、发展理念等国家层面的指导性思想，它随国家发展而不断变化，具体来看，当下政治理念包含"创新、协调、绿色、开放、共享"的新发展理念，以及"对外开放"的长期基本国策等重要内容。

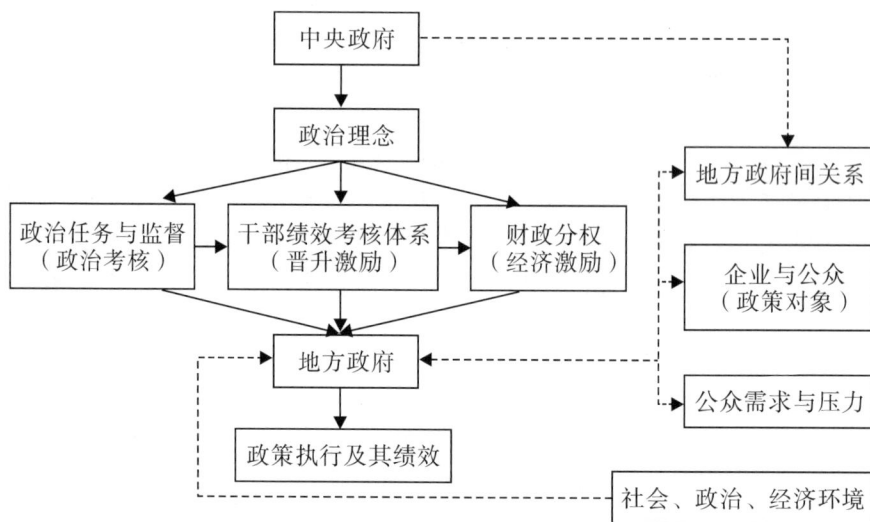

图 5-3　中央与地方政府政策执行的作用机制

（三）中央与地方政府竞争的博弈分析

我国中央政府与地方政府在对外贸易方面总体目标一致，中央政府致力于扩大出口（金额、范围、数量等），从而实现外贸企业就业需求的上涨以及财政收入的增加，最终达到促进经济增长的目的。但是面向全球市场提供给中国政府及企业的巨大机会的同时，也带来了巨大的挑战。例如中国成为WTO成员国后，中央政府出台的对外贸易政策首先需要满足WTO所制定的要求，其次，在与某一国家或地区进行贸易往来时，还需应对诸多贸易体制（多边贸易体制中部分国家间达成的协定）、地区贸易集团（如欧盟自由贸易区、北美自由贸易区等）、特殊关税区以及双边关系等的贸易壁垒的限制，这极大制约了我国对外贸易的发展。地方政府同中央政府一样，以增加本地区的贸易出口为目标，以实现地区外贸企业的盈利增加，带动就业机会和财政收入的增长，从而促进地方经济的发展壮大。

但是由于中国总体出口市场受外部环境的制约，各地方企业出于自身利益最大化的考虑，在面对国际市场竞争的同时还会与国内其他地区出口企业争夺出口资源和国际市场份额，而地方出口企业市场表现与地方经济发展、地方政府的经济目标息息相关。中央政府为实现整体利益最大化，优先考虑具有出口优势的地区，这将损害部分出口优势较弱的地区的权益。由于中央政府无法顾及各地区政府的利益，势必导致中央与地方在对外贸易政策执行上的矛盾。中央和地方政府作为不同利益主体，尽管总目标一致，但是仍在行动选择上存在分歧。

从博弈论的观点来看，国家作为国民利益的代表，需要在全国范围内实现贸易产业结构的布局和资源的有效配置。就某一产业展开分析，中央政府有两种策略：一是限制进入，二是鼓励进入。面对中央政府的决策，地方政府也有两种选择进行应对：一是放弃进入，二是选择进入。在市场经济前提下，中央政府的政策是具有指导性的，而地方政府出于本地区实际利益的考虑进行自主选择。在完全信息条件下，中央政府与地方政府可以预知可能的结局。通常情况下，是由中央政府发布产业政策，行动在先，地方政府选择在后，如图5-4所示。

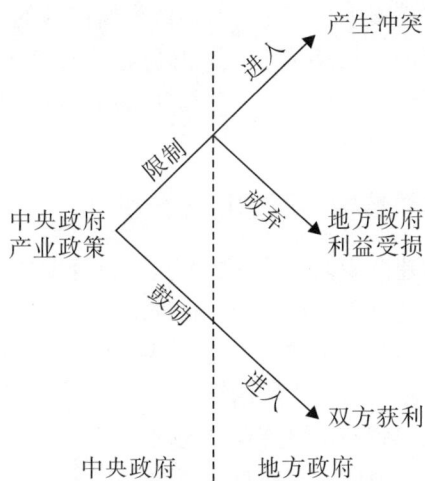

图5-4　中央与地方政府相互竞争的博弈树分析

可见，中央与地方政府存在三种策略组合及收益水平。中央政府从整体利益出发进行跨地区产业布局或资源的配置，但仅依靠约束力不强的产业政策是无法达到的。根据博弈的观点，中央政府必须引入一定的奖惩机制或利益补偿机制才能满足中央与地方政府双方的利益。也就是说，如果我国产业与贸易政策的实行结合了奖惩机构或补偿机制，将能够对解决产业贸易结构的同构化问题，防止低水平的重复建设造成的资源浪费、恶性竞争的现象起到积极作用。

二、地方政府间的利益关系

地方政府与中央政府的利益关系表现主要为各自所代表的利益主体不同，即产业与贸易结构整体与局部利益的关系。中央与地方政府在行政上处于上下级关系，产业与贸易政策的实行具有先后性，中央政府的利益与地方政府的利益具有包含性关系，两者间的矛盾较容易化解。但是地方政府在行政区划上为平级关系，产业与贸易政策的实行在时间上具有同期性，且地方政府间的利益独立，这使得地方之间的利益竞争更为严峻。在中央逐步简政放权的背景下，地方政府贯彻落实中央下发的产业与贸易政策的自主性更强了，同时也在市场、资源、资金、人才等方面展开了激烈的竞争。

（一）"公用地悲剧"的博弈分析

"公用地悲剧"是经济学中的一个经典案例。它描述了一个经济现象：一块公共所有的草地，任何农户都可在草地上自由放牧，但是草地存在一个最大放牧承载数量，若超过最大放牧数量这一临界值就会造成资源滥用。但每个农户基于自身利益考虑，都增加放牧的数量，最终造成草地无法负荷而退化，农户再无草地可以放牧，损失巨大。

目前，我国产业与贸易普遍处于过度进入的状态。企业为了扩大自身盈利水平，不断扩大产能，导致市场供给增加，在需求不变的情况下，价格有所下降。不仅如此，目前由于经济水平的提高，人们的需求不断变化，对传统供给产品的需求下降，进一步使得产品价格加速下滑。在供大于求的市场环境下，国内企业进入国际市场，纷纷抢夺出口资源，为占领国际市场份额采取降价或优惠措施，最终使得国外商家和中间商获利。这就是产业与贸易发展中过度使用公共资源所导致的悲剧。

（二）地区间产业贸易结构趋同的博弈分析

各地区产业贸易结构的建立和调整，一般是按照自身发展某产业的成本和收益做出选择的，而对于其他地区作何选择则不得而知。根据地区理性经济人假设，每个地区都会出于自己利益的最大化考虑，但是由于缺乏沟通，很有可能造成重复建设和产业结构的同构化，实际上每个地区的收益小于协商之后的结果。多年来，产业结构升级的调整过程漫长而又收效甚微，严重影响我国贸易出口产业结构向合理化方向发展，主要原因之一就是在地方利益的驱动下，严重的产业同构现象难以消除。

（三）地方保护主义与市场分割

早在 20 世纪 90 年代就有研究表明，中央政府下放权力给地方政府后，会导致地方政府出台地方保护政策，例如设置地区贸易壁垒等措施，以保护地区内产业与贸易发展，这严重阻碍了地区间生产要素的流动，长此以往形成了市场分割。中国地区间的市场分割，抑制了生产要素的自由配置，不利于市场的最优配置，极大地降低了市场效率。许多研究

完善，对实现十八届三中全会提出的目标提供了强有力的支持。近几年，我国重点关注大数据的发展环境，并陆续颁布政策指导大数据技术的实行、监管与服务，例如《关于运用大数据加强对市场主体服务和监管的若干意见》等政策，使我国的大数据环境得到监管，向更好的方向发展，同时也使得我国大数据技术的使用面临新的政策环境。从技术发展的角度来看，大数据已向多元化应用转变，发展潜力巨大。未来，数据资源将成为国家新型战略资源，数据技术将成为传统产业升级和新兴产业发展的重要力量，有助于提升国家的新型竞争力。但是，我们更应该关注大数据技术在使用过程中面临的巨大挑战，例如大数据技术隐私性、异构性、时间性等性质，这不仅对大数据技术的使用效果具有较大的影响，也涉及了政府、企业和个人的利益。

大数据技术对我国社会各界的影响已经非常明显，其作为 IT 产业的一次重要技术改革，对政府、企业、个人都有重要的意义。大数据技术为国家战略决策和社会管理提供了新的方式与手段，使政府在公共管理、医疗服务上都有了较大的突破，产生了巨大的社会价值。同时，大数据技术为企业的管理、决策也提供了很大的帮助，企业通过大数据技术，对其未来发展目标和定位有了更深刻的了解，并根据数据分析，对企业的未来方向进行科学的决策，使企业能够更好地了解客户与竞争对手的情况，有针对性地运营。全球知名的咨询公司麦肯锡提出，大数据技术为欧洲发达国家节省了 1 000 亿欧元的运作成本，可见其对社会产生的价值之大。由此可见，大数据技术已经逐渐成为国家、企业和个人进行管理决策的重要工具，蕴含着重大的商业价值，国家和企业应对其更加重视，对该技术进行开发和运用，使它的价值更大地体现在国家和人民的生活之中。因此，大数据驱动的管理与决策研究，不仅具有突出的科学前沿性和重大的战略意义，而且具有巨大的实践价值和鲜明的时代特色。

大数据技术使政府决策、教育、金融、商业运作等管理活动都更加有效，通过这一技术能够实时接收信息，并根据实时的信息进行决策更新，使决策更加具有针对性。而且由于数据可以传递到不同的个体手上，在决策的时候，可以实现多主体决策，使决策能够跨组织整合，更具科学性与可行性。然而，这些便利性与科学性的实现，需要较高的技术水平，构建相关的分析模型把不同的数据融合在一起，并基于数据生成分析结果，展示给决策者。因此，这使大数据在管理过程的应用中将产生一些新的特征。在产业层面上，产业内外部大数据的融合会给产业带来颠覆性的变革，甚至重构，例如互联网大数据使得贸易、金融等领域的新兴模式不断涌现，而产业的快速变革，需要政府同时对变革创新的产业实施监管，这对政府而言具有一定的挑战性；在经济和社会层面上，大数据的发展会使经济和社会逐渐增加对大数据的依赖，使政府的决策与政策的实施与评价都依靠大数据，增加了决策的依赖性。总体看来，大数据技术为政策的制定与实施提供了新的思路，为政府对产业与贸易政策的制定提供了技术支撑，大数据与信息技术的结合，可以使相关部门快速获取相关产业或对外贸易的全部信息，建立企业与政府相关部门数据系统之间的接口，利用政府部门数据系统在海量环境信息中挖掘、分析政策需求，发现监管缺陷。

加强政策制定与信息技术充分结合，建立具有产业与贸易信息收集、处理、加工、分析等功能的信息决策系统，实时监控产业与贸易的具体情况，构建产业、贸易信息数据库，储存各地产业与贸易的发展信息，如产业规模、产业结构、对外贸易水平等基本信息，并结合相关的政策实施，使政策的实施效果与信息技术得到充分协同，以此促进产业和贸易的信息资源的利用，使我国的相关部门在决策过程中得到更多的技术支持。大数据技术能有效地减少因信息不对称而导致的政策设计不合理的问题，也能较好地规避抽样调查导致的信息收集不全面的问题。

二、产业与贸易政策协同发展对大数据技术的现实需求

大数据技术给产业与贸易政策的协同发展带来新的思路，为政策的制定提供了动态、客观的数据支撑，缓解了贸易部门与产业部门信息不对称的问题。但是我国经济发展现状、法律法规体系也对大数据技术在产业与贸易政策上的应用提出了具体要求。

第一，产业与贸易数据综合分析的需求。为了实现产业与贸易政策协同发展，应在政策制定之初将产业与贸易数据结合起来综合考量，而常规的产业与贸易分析方法无法同时兼顾两者。需要在衡量好产业发展与对外贸易的关系的基础上，科学、客观地构建新的分析指标和分析体系。第二，软件与硬件的需求。目前我国的产业发展较为平稳，对外贸易数量可观，同时幅员辽阔，省市区划较多，因此产业与贸易数据庞大，这对相关部门数据系统的数据储存、分析功能提出了要求。此外在产业与贸易部门推广数据技术，还需要具备计算机信息技术与经济、金融和贸易等方面专业知识的复合型人才队伍。第三，法律保障大数据技术应用的需求。现行的法律中尚未体现规范大数据使用的相关内容，若要在产业与贸易相关部门推广使用大数据技术，还需要建立科学、全面、规范的法律法规，保证前期大数据技术的搜集、信息储存与数据分析，再到后期的政策制定、执行与调整，以及流程中涉及的信息的保密性、规范性和合法性都应以相关法律法规为依据。

第六章 新时期中国产业与贸易政策协同发展机制实施路径[①]

面对新时期国内产业转型升级的需求压力和国际"逆全球化"冲击对我国经济发展的严峻挑战，我国急需推进供给侧结构性改革，进一步扩大开放，加强产业与贸易政策统筹协调，做到政策合力，精准施策，实现经济平稳健康发展。本章旨在探讨中国产业与贸易政策协同发展机制的实施路径，并从四个部分开展研究。第一部分针对中央和地方及地方之间的利益冲突，通过明确政府事权财权，缓和各级政府间的矛盾，采用激励限制措施和互利机制推动政府间的协调合作。第二部分针对产业和贸易部门间的各自为政现象，通过设立政策协调与部际协作机制加强两者间的联动。第三部分基于大数据的迅速发展，旨在通过建立大数据库及"情景—应对"模拟系统，充分发挥大数据对政策制定、政策协调和政府治理的促进作用。第四部分基于国内外形势变化，分别阐述新时期下农业、制造业与服务业应对国际各国产业与贸易政策变化的措施。

第一节 加强中央和地方政策协调联动与管理配合

近年来，中国一直在深化政府职能改革，推动简政放权，要求中央政府将权力最大限度地下放到基层和地方政府，减少对微观事务的管理，赋予地方政府充分的自主权，由地方政府直接面对量大而广的基层管理事务。在此背景下，各地方政府纷纷发挥主观能动性，根据当地实际情况制定相应的产业与贸易政策，促使地方经济和产业贸易发展水平得到一定程度的发展和提高。

但同时也需注意到，中央政府和地方政府在政策发布和政策实施的过程中，由于缺乏明确的权责利分担机制，导致在提供基础公共设施服务时出现空白与错位；县乡级政府过多地承担了农村公共服务供给、公共卫生、基础教育、基础科学研究等，而省级政府则较多承担在经济建设和基础建设支出份额，省与市县级政府间事权配置不平衡，甚至出现错位现象；地方对中央领导的绝对服从，导致地方政府在事权处理上受到一定程度的限制，影响其积极性，而中央政府则因过多陷入地方政府繁杂的琐事中而无法全盘思考，两者互相限制导致效率下降；或是因财力不足而无力承担公共设施供给；另外中央政府与地方政府分别代表着不同的利益团体，导致中央与地方在总体目标一致的情况下出现整体与局部的利益之争，且作为理性经济人，地方政府的目标是最大化地方利益，其在实现地区经济发展过程中往往忽视风险的积累，致使利益冲突与资源浪费的现象出现。

[①] 本章由暨南大学产业经济研究院宋朝明执笔。

因此，如何解决中央与地方政府及各地方政府之间的权责不明、利益冲突问题，构建和完善中央与地方政府政策制定与执行协调机制，对于新时期中国产业与贸易政策协同发展体系而言是至关重要的一环。本节将从明确中央与地方政府事权和财权，着手解决权责不明问题，从加强中央与地方关系激励与限制、形成地方政府间合作互利机制两方面入手解决利益冲突问题。

一、明确中央和地方的事权和财权

合理划分并明确中央与地方的事权和财权，是减轻中央与地方政府间资源浪费状况和利益冲突现象的前提，是政府有效提供基本公共服务的前提和保障，也是推进政府治理能力提升及促进治理体系现代化的客观需要。政府财权与事权的平衡，决定其拥有的财政资源与承担的社会责任相匹配，从而在基础公共服务提供上有所约束。各级政府财权的划分应遵循事权财权相匹配原则，以事权的界定为基础，承担多少社会责任则赋予多少财政支撑。然而，由于目前中国政府缺乏权责一致的财权与事权的划分机制，导致中央与地方政府在公共服务供给责任分担上出现空白或重叠。具体表现为：事权上，中央与地方政府、地方政府之间出现事权范围配置界定不清、事权责任分担错位现象；财权上，中央与地方及地方政府之间财权划分不明，财政不足导致公共服务供给缺失。

明确权责一致的事权财权划分是实现政府有效提供基础公共服务的基础，基于目前我国政府事权财权分配矛盾，建立有效分担机制变得尤为重要。

（1）要明确界定政府的事权和财权。政府事权即法律赋予的处理国家事务的权力，关于中央与地方政府的事权划分，从公共物品提供理论来看，中央政府扮演着宏观经济调控的角色，主要提供大层面的战略规划及法律法规制定等，而各级地方事权除响应中央政府事权外，还负责地方基础公共设施的提供。财权是指占有、支配和使用资产的权力，即政府获得财政收入（包括自筹和接受的可转移支付）、安排财政支出及资产管理的过程。然而，我国五个层次（中央、省、市、县、乡）的政府体系造就了我国政府事权分配的复杂性。迄今为止，我国并没有相关法律条文对各级政府事权进行明确规定，仅有宪法在原则上对中央政府和地方政府的职责划分作了简单规定，事权配置严重缺乏制度规范。为便于中央政府收权和放权，避免出现责任错位和分配不平衡现象，建立权责利约束机制，杜绝"有权不用，过期作废"思想，从而减少盲目或重复建设、短期利益主义等做法，有必要从法律层面明确界定中央政府和地方政府的事权范围。科学规划政府间事权划分标准，具体化《宪法》[①] 及《地方组织法》中对政府权责配置的基本原则，列举中央政府和各级地方政府各自事权及共同事权的具体规定。同时按照效率性原则明确与事权相应的财权，具体可从外部性（即事权范围）和信息处理复杂性来界定中央与地方各自的财权领域，比如地方政府比中央政府更适合处理信息，以及处理复杂程度更高的事务。

（2）要推进政府职能转变。中央政府与地方政府矛盾的来源之一是各自政策目标不同，从而影响中央政策在地方的贯彻落实，而转变地方政府职能则是消除地方政府在政策

---

① 1982 年修订的《宪法》中对政府权责规定的基本原则：在中央的统一领导下，充分发挥地方的主动性、积极性。

重心、目标及工具选择上与中央政策之间矛盾的有效途径，有利于促进地方政策行为与中央行为的协调统一。地方政府职能转变的总体方向是减少对微观经济的干预，充分发挥市场自动调节作用，杜绝政府既充当裁判员又充当运动员的现象，由经营型政府、全能型政府向服务型政府转变，建设高效廉洁政府。具体可从三方面着手：一是培育一批新生科技型创新市场主体，加大企业自主权，激发市场活力和创新力，从而推动供给侧改革，增加有效供给，拓展消费市场。二是加强和改善市场监管，建立和维护市场秩序。市级政府加强履行社会管理、公共服务和市场监管等具体职责，营造公平透明的市场竞争环境，减少金融诈骗、食品安全事故等。三是回归政府提供基本公共设施的本职，承担建设市场因无利可图而不愿意进入的公共设施领域，补足公共服务短板，创新公共服务供给。

（3）保障事权财权划分有法可依。贯彻法制性、规范性原则，建立健全事权财权划分的法律体系，改变行政主导的事权划分局面，保证事权财权的科学划分于法有据，转向法治主导。具体可从以下三个方面着手：其一，修改《宪法》相应内容，鉴于目前《宪法》中仅有中央政府与地方政府之间职权划分内容，应增加各级政府间事权财权划分的基本规定，逐步完善中央政府与各级地方政府权责划分的宪法依据；其二，加快制定指导财政税收活动基本原则和基本规范的"财政基本法"，对财政收入的收入、支出及监管等环节进行管理；其三，尽快制定规范各级政府财政收入和支出范围的"财政收支划分法"，改变现由中央政府分配地方政府财政的局面，赋予地方政府自主分配财政的权力。

（4）需完善地方税体系，适当增加地方政府财政收入。地方政府承担着提供地方基本公共服务的责任，该事权的实现需相应的财力作支持。我国现行财权配置源于1994年实施的分税制改革，分税制改革逐渐明确了中央及地方各级政府的财权和支出责任划分。然而在新的形势下，仍然存在不清晰、不规范、不合理的财权与支出责任划分问题，原因有二：一是政府职能定位不清，政府活动的基本前提是市场失灵，即当市场经济无法依靠自身力量解决矛盾时，需要借助政府这一外部力量加以矫正。政府职能定位不清导致政府过多干预一些本可以由市场自己调节的矛盾，而本该由政府承揽的基本公共服务，财权却承担不够。二是事权的不确定导致财权的划分不明，中央错误承担了一些地方事权，却把自己的事权下放到地方政府，两者事权交叉导致财权重叠。而由于财力上移到上级政府，致使中央财政财力越来越大，下级政府由于自筹能力有限出现财政不足现象，难以维持当地公共服务供给。因此，完善地方税体系、增加其财政收入是保障地方政府能高效提供公共服务、平衡其财力与事权有效途径。通过赋予省级地方政府一定程度的税收立法权，可缓解地方财政不足的问题，在遵循地方分权为辅的原则下，地方税收立法权有利于因地制宜选择地方主体税种、开辟特色税源，比如在经济欠发达的西部地区，可将当地富有的资源税选为主要税种；而在经济发达的东部地区，可选择将房产税等财产税当做主要税种，扬长避短地将资源优势化为财政优势，弥补匹配事权的财政空缺。

（5）完善财政转移支付制度。财政转移是中央政府调节各级地方政府事权和财权分配不均的有效手段，也是通过对各级政府财力的二次分配缩小政府间财力差距的重要方式，因此建立规范化的转移支付制度对于改善目前政府间财力差距过大的问题具有重要意义。可从以下三方面着手：一是优化转移支付结构，加大对基层政府和欠发达地区的转移支付规模，使其拥有与事权相匹配的财力，同时不对发放的资金使用范围做明确规定，简化转移支付结构，使地方政府拥有更大的决策自主权。其二，改革现行转移支付制度，确定更加科学的转移支付标准和指标体系，根据城市化发展程度、地区人口数量和人口密度等客观因素来分配转移支付，增强转移支付的公正透明性和可预见性，并以法律形式明确其分配方法，促进转移支付步入法制化进程。

（6）完善政策控制和监督机制。尽管中央政府与地方政府之间存在较强的从属关系和控制关系，但在行政领域上，中央对地方的监督能力却较低，主要原因在于监督成本过高及缺乏畅通的信息通道。对地方政府的监督是了解其政策执行程度和执行效果的有效途径，也是政绩考核的主要环节。因此需加强对地方政府的监控，提高其对中央政策的信息反馈和执行程度，抑制地方权力的集权化倾向，约束政策执行中出现的问题，增加地方政府失职成本，进而使地方政府因抵制中央政策执行的风险成本变高。基于此，应进一步完善中央对地方的政策控制和监督机制，具体可通过降低监督成本和开拓监督渠道来实现：增强执行监控和信息监控的可操作性；加强监控主体的独立性，增加定期例会、定期汇报制度，推动责任追究制度体系的建立健全；建立信息公布及反馈平台，开放面向人民群众和广大媒体的监督举报平台，接受大众监督。

综上，以清晰合理的事权界定为前提，推进事权财权分担标准的法制化，推进地方政府职能转化，并赋予地方政府一定的财政立法权，保障其实施事权的财力，同时重视建设地方政府间财力差距的转移支付制度，达到权责利相制衡的目标，最后通过完善政策控制和监督机制，实现政策效果的评估。

二、加强中央对地方关系的激励与限制

由于地方政府间不存在直属领导关系，其合作关系的建立只能源于中央政府的指派、鼓励，或是来自利益驱使。因此协调和缓和地方政府间关系的措施可从两个方面入手：一是中央政府加强对地方合作方面的激励与限制，二是形成地方政府之间合作的互利机制。

中央激励地方合作的手段有三种：一是出台政策强制地方执行，二是资金补贴诱导地方发展，三是让地方合作与政绩评价挂钩。政策方面，可通过产业政策引导地区产业结构调整与升级，将资金、技术等要素引导至产业落后地区，通过税收优惠等倾斜政策吸引发达地区和企业的投资，通过人事、教育政策支持中西部地区人才培养与引进。资金支持方面，通过政策性贷款、财政专项拨款、转移支付等手段对在地区合作中处于劣势方的区域进行补偿。在政绩评价方面，科学地将政府间合作纳入政绩评价体系，通过衡量地区间合作项目的数量（合作频率、范围）、质量（经济增长总量、增长率）、贡献（对地区经济的贡献、对双方贡献、对国家贡献）等来评价政府在地方合作方面的绩效。

当激励政策见效时，很容易引起地方政府之间在资源能源、贸易保护等方面的过度竞争，因此需要防范出现恶性竞争，避免企业亏损、经济波动等局面。为防范区域间过度竞争，中央政府可以从产业结构调整和市场统一两个方面入手：第一，产业结构调整主要针对地区间产业结构高度趋同问题，首先要通过限制措施来控制产业规模，严格遵循"先到先得"的原则防止行业饱和，限制同类企业继续进入；第二，中央政府应强调地方政府职能定位，制止地方政府出手低效保护由市场淘汰的本地企业；第三，遵循比较优势原则，

根据各地区资源禀赋进行产业布局，对行业的地区分布进行合理安排，避免地区盲目跟风导致重复建设。在促进市场统一方面，中央政府应最大限度保证要素的自由流动，制止地方政府因地方保护政策进行封锁行为，通过法律法规形式明文禁止无序竞争的发生，促进形成统一市场。

为促进地方间合作，建议中央政府设立专门机构进行协调。该机构职能在于缓和与协调地方政府间关系，促进地方合作的完成，同时对合作成果进行验收。该部门应分设在中央各部委，业务上统归国务院，鼓励地方合作的机构负责。

三、形成地方政府间合作的互利机制

政府间合作范围有两种情况，一是具有"区域公共"特性的事务，无法由单一政府解决，比如跨区高速公路修建；二是合作获利达到双赢事务，比如产业布局和统一市场。目前地方间合作机制大体可分为三种：政府间互利模式、大行政单位主导模式和中央诱导模式。从政府自发合作角度出发，以下主要讨论互利模式下完善政府合作机制的建议：

（1）要做好合作的宣传工作。互利模式中参与合作方地位相当且皆可获利，该模式形成的关键在于参与方对合作的必要性、可行性和互惠性达成共识，因此需要有效的宣传工作。具体可通过组织论坛的形式，聚集相关政府讨论合作的成本分担、利益共享及不合作惩罚等事项；同时通过线上线下等途径对合作事项进行宣传，树立合作意识，减少政府间的零和博弈和排他措施，达成共赢。

（2）建立合作的形成和维持机制。在参与方达成合作共识后，政府间关系进入正式的合作环节，因此需要促进建设地方合作的形成和维持机制。该机制包含三部分：一是协商和谈判机制，供各参与方表达自己的权益，就成本分担和利益共享达成协议；二是分享机制，即利益分享应遵循平等互惠、权利义务对等、按劳分配原则，确保每个参与者从中获取应得的利益；三是监督和纠纷裁决机制，以减少地方政府合作的机会主义，保证合作的有序进行，其关键在于监督和纠纷裁决办法的权威性，应在合作协议订立时共同授权相关机构或部门，可委托上级主管部门或是中介机构监督。

（3）修正地方政府官员的发展观。随着中央权力的下放，地方政府的竞争意识与自我意识不断加强，出现"公用地悲剧"等现象。地方官员应意识到"1＋1＞2"的力量，通过政府间合作寻求本地及周边区域的共同发展，减少零和博弈达到双赢。促进地方官员建立区域公共利益观念，将地方合作纳入政绩考核，推动地方政府间合作关系的达成。

第二节　加强产业与贸易管理部门之间的协作

随着社会主义市场经济体制的不断完善和行政机构的逐步调整，各宏观调控部门的职能分工得到初步明确，推动我国形成了较为完整的宏观政策调控部门体系框架，协调性得以初步优化。在2018年进行的"五位一体"标准改革下，政府机构职能又进一步优化、协同、高效，各"分类管理"部门逐渐呈现"强化协调"的综合化趋势。

尽管如此，各部门机构作为单独的主体，在职责划分、部门利益、监管边界以及重大争端问题解决机制等方面都有待进一步的协调。以负责产业与贸易政策制定与实施的部门机构为例，海关部、商务部、进出口银行等是我国对外贸易管理的主要负责机构，而国家发改委、人民银行、财政部等则是我国产业管理的主要负责机构，虽然出台产业政策和贸易政策的相关机构均由国务院直接领导，但由于彼此之间并无特定协调和辖制机制，出台的政策可能更多从各自权益出发，缺乏配合性和联动性，导致政策效果大打折扣。即使有部门间协调机制，也是以短期的、非正式的合作关系存在，具有很强的随意性，缺乏监督和追责机制。

基于此，建立产业和贸易管理部门的部级协作机制，通过设立专门的政策协调部门来增强产业与贸易政策制定的联动性，才能实现政策效果最大化。

一、凝聚扩大开发、深化改革共识

"强化贸易政策和产业政策协调"是十八大报告在"提高开发型经济水平"部分提出来的，其目的在于以开放促改革，通过优化对外经济结构、拓展对外贸易深度、提高效益，带动国内产业结构优化升级，从而增强我国的国际竞争力，进一步提高在国际上的地位。因此必须深刻认识到"开放"与"改革"对我国经济发展的决定性作用，开放无终点，改革无止境，凝聚扩大开放、深化改革共识是进行政策协调的基础。

（1）要形成扩大开放的共识。自1978年以来，中国从改革开放中获得的收获是巨大的。尤其在2001年加入世界贸易组织后，开放效应得到了最大程度的发挥，更加坚定了我国的开放之路。然而随着经济全球化、区域一体化的发展，目前由加入WTO带来的正面效应正逐步递减，扩大开放规模和深化开放程度的外部推力不足，必须依靠内部结构调整改革来获得进一步开放的动力。要全面提高我国开放型经济水平，需基于世情、国情新变化，以经济发展的质量和效益为导向，进一步调整产业结构和经济结构，加快转变为集约型经济发展方式，在产业部门、经济部门和贸易部门达成进一步扩大开放规模、深化开放程度的共识。十八大所提出的信息化、工业化、城镇化和农业现代化（"新四化"）目标，也是需要通过国际合作、经验借鉴来实现，而非闭门造车。产业政策和贸易政策的协调是达到更高层次的开放型经济水平的必要途径，因此它的意义不仅是一项改革，更是一项政治任务。

（2）要形成进一步深化改革的共识。目前我国的经济体制改革尚未完成，市场的基础性配置作用仍需强化，市场扭曲、市场失灵的情况时有发生，社会主义市场经济仍需完善。而通过开放性贸易政策倒逼改革恰恰是解决上述问题的根本途径。改革之所以难以执行，是因为伤害到了某些团体的政治利益和经济利益，势必会遭到阻挠，因此我国的改革之路一直是披荆斩棘的。新时期的改革，首先要扫清这些阻碍，解决好各类经济政策不协调问题，因此加强经济体制改革和政治体制改革的协调性是首要任务，这是上层建筑问题。同时，要知道产业政策和开放性贸易政策都是政府干预市场的一种手段，二者均不可或缺，由于两者不分从属，因此相互间进行协调难度较大，需要就此达成共识。

（3）从提高经济发展水平出发，进一步优化产业结构。经济发展水平的提高，应以产业政策为依据，配合实施相应的贸易政策，力图通过进出口产品的数量和结构，达到推动国内产业升级和开拓国际市场的效果，从而在对外贸易市场中占据有利地位。在经济衰退时期，政府可通过对产业政策和贸易政策的协同实施，达到刺激投资、扩大对外贸易、恢复经济的效果。比如在政府通过实施适当的贸易政策刺激对外贸易发展的同时，外贸市场的发展会直接通过市场传递作用于国内产业发展，相反，产业政策的实施在刺激产业发展的同时，也会反映在进出口贸易额的增加。长期而言，进出口贸易的扩大必须依赖于产业结构的优化升级，因此必须进一步推动产业的集约化发展，增强我国产业的真正实力。产业结构的优化升级又依赖于完善的市场机制，只有充分发挥市场机制的作用，实现国内外生产要素的自由流动和最优配置，才能使产业结构升级不过于独立，推动产业优势转化为贸易优势。

二、设立中央政府跨部门政策协调机制

机构设置和职权分配作为管理体制的核心，将强化协调成为机构改革的基本取向。我国政府在强化各职能部门"分类管理"的专业化模式基础上，也在逐步推进跨部门的"综合协调"，2018年国务院机构改革提出按"五位一体"的标准，推进政府机构职能的优化、协同与高效。因此，根据降低成本、提高效率和整合资源的要求，通过设立中央政府跨部门政策协调机制，解决政府职能部门间"碎片化"问题，提高综合协调程度。该协调机构的设立有两种途径：一是借鉴美国，设立专门的贸易与产业政策协调机构——贸易代表办公室的办法，提升商务部的政策协调功能，赋予商务部贸易与产业政策协调的职能；二是在国务院办公室内部建立正式的政策协调部门，赋予其贸易政策和产业政策协调的权力和责任，其职位适当高于其他部级单位。笔者更推荐后者，即通过设立专门的政策协调部门。

组建跨部门政策协调部门需要解决三方面问题：

（1）应赋予各级跨部门政策协调部门作为协调部门的职责。在中国这个尤其注重领导权威和行政等级的国家，有位才能有为，因此必须在纵向和横向协调方面都赋予协调部门权威性，充分发挥各级政府办公系统的"隐性权力"和政府行政首长的"显性权力"。因此该部门可直接由国务院牵头组建，明确其政策协调职能，真正起到牵头协调的作用。

（2）建立与横向同级职能部门之间的分工配合机制。厘清协调机构内部与其他相关部门的边界所在，避免出现交叉重叠、管理真空或管理模糊的现象，通过打造信息共享平台从而实现各部门间的信息互联互通，实现部门间优化协同高效运行。完善法律法规，通过修订《跨部门政策协调部职能配置、内设机构和人员编制规定》，明确各部门职责范围及职责判别标准，促进横向职能部门间的分工配合。

（3）赋予各级地方协调机构设置一定的自主权。科学设置中央和地方事权有利于发挥两者的积极性，我国中央、省、市、县、乡五个层次的政府体系导致我国政府事权分配复杂，各地区在部门设置上有所偏差。因此，在地方机构改革推进过程中，要遵循因地制宜原则，结合稳定性、灵活性和创新性，赋予地方政府部门一定的灵活处置权，避免出现"一刀切""左右一般平"等现象，鼓励地方根据实际发展情况，突出地方特色，科学合理地设置当地协调机制。

三、完善产业与贸易制定部门之间的部际协作机制

我国的对外贸易管理机构和产业管理机构在出台贸易政策和产业政策时尽管都经过国务院审批，但由于两者属于横向管理，并没有特定的协调和辖制机制，导致出台的政策缺乏联动性和配合性，在效果上可能不如预期，因此需完善产业与贸易部门之间的部际协作机制，降低两者之间的沟通协调成本。

首先，构建和谐部门协调文化，创建良好的部际沟通环境。通过培养整体考虑的思维模式来树立贸易部门和产业部门的合作意识，实现两部门之间的文化协同，确保在合作过程中，部门间能换位思考、互相尊重，进而避免由于部门文化不同引起的矛盾冲突。同时，创造良好的部际沟通环境和沟通渠道，加强两部门间对政策制定、政策实施、政策协同方面的交流，并建立反馈机制，方便两部门及时交换经济市场环境变化信息及政策反响，具体形式类似于定期例会、专题研讨会、头脑风暴等。

其次，优化产业和贸易部门间合作所需要的其他配套机制，可从三个角度出发：一是建立信息资源共享机制，统筹各层次部门资源，搭建部门间信息资源共享平台，及时进行信息公开与更新；加强部门沟通，协调各部门利益关系，促进法制化信息资源共享机制的形成。二是建立解决矛盾争端的议事协调机制，由于各部门目标不同，在合作过程中可能存在利益冲突，应建立议事协调机制，及时解决合作过程中出现的职能错位、意见摩擦和利益冲突等问题，以保证最终目标的达成。三是建立激励问责制度，在部门合作过程中，为确保合作目标按时、按质、按量完成，要明确各方职责及完成考察指标，对完成效果好的部门或事项进行嘉奖，对职责缺失部门或个人应进行问责或处罚。

再者，加快政府大部制改革步伐，精简部门数量。在明确各部门事权基础上，解决部门职能交叉、分工模糊、行政空白及责任推脱等问题，从而精简部门数量，避免出现出台一个政策需要几十个部门会签的窘状。尤其是通过大部制合并经济和产业部门，降低部门沟通协调成本，明确两者之间在相关职能上的划分，避免政出多门、各自为政的情形，提高贸易部门与产业部门间的协调效能。

最后，注意决策能力的提高。在产业部门和贸易部门协同制定政策过程中，需要明确跨部门合作急需解决的问题所在，并通过协调找出有效解决办法，必要时可邀请外部专家参与决策。同时要提高工作人员跨部门合作技能，将跨部门合作经历纳入考核指标，与事业晋升挂钩，推动高素质、高技能人员的流动，为跨部门协调机制引入新鲜血液。

四、强化贸易政策和产业政策的功能协调

我国贸易政策实施的目的在于形成公正合理、统一有序且可控的开放性贸易政策体系，以期在拓宽市场准入标准、促进贸易自由化等方面发挥建设性作用。贸易结构的形成由国内产业结构决定，需适应国内相关产业的发展现状和发展趋势，同时又反作用于产业结构，促进国内产业结构的优化与升级。因此，贸易结构的确定也需要充分发挥产业政策对产业竞争、产业组织、产业结构、产业战略规划等方面的指导作用，只有二者充分沟通

与协调，才能发挥贸易政策与产业政策的最大功效，具体可从以下几点出发：

（1）强化产业政策的协调效应，尤其是针对货物贸易政策中各类出口目录的协调。我国在产业政策和贸易政策的实施中，有各类产业结构调整指导目录、贸易指导目录及出口名录等，如中西部地区曾以2010年国务院颁布的《关于中西部地区承接产业结构的指导意见》为蓝本制定本地区加工贸易指导目录；2011年《产业结构调整指导目录》则是根据近几年外贸结构的变化进行了调整；《高新技术产品出口目录》中提出对"两高一资"产品的出口严格把控。以上这些指导目录及出口名录的出台，均经过了产业部门与贸易部门的协调合作，今后在修订、调整、完善这类政策时，也应继续强化两部门的衔接与联动，强化贸易结构对产业的先导作用。

（2）协调进口产品与国内产业的关系。随着居民收入水平和消费能力的提高，消费者对进口产品热情高涨，国务院也随之出台了促进进口指导意见，调整进口产品类别和范围，优化进口结构，促进产业升级。但要注意，进口产品与国内同类产品是竞争关系甚至是替代关系，两者将一起瓜分国内市场份额，政府应进一步把握进口尺度，防止进口产品完全替代国内产品，造成国内相关产业萎缩。

（3）加强服务产业政策与服务贸易政策的协调。目前，我国正大力发展服务业，服务业对经济的贡献作用也在进一步加强，在第一、第二产业均已对外开放的背景下，服务业也将逐渐走向开放。2016年商务部出台的首份《服务出口重点领域指导目录》，更加注重突出重点行业，加强对发展潜力较大和附加值较高的服务领域的引导和支持，有利于弥补服务贸易短板，优化经济产业结构。但目前服务贸易领域的顶层设计和具体政策都处于缺失状态，因此要协调服务产业政策与服务贸易政策，制定服务贸易进一步开放的具体政策措施，争取在服务业和服务贸易"十三五"规划出台后，使两者的协调更具操作性。

（4）加强产业政策与对外投资政策的协调。依托我国产业优势，在海外贸易与对外投资中充分展现产业技术、产业组织、产业竞争力等，推动海外投资与国内产业的联动发展。比如资源开发类海外投资，可帮助我国打开资源进口渠道，弥补我国资源短缺劣势；加工制造业投资则可衔接国内产业梯度结构，注重国内技术、品牌、自主产权与国际营销渠道的拓展；通过对服务贸易的海外投资吸取国际先进经验，形成海外投资与对外贸易相互促进、拓展市场的国际竞争优势。

（5）加强产业政策与利用外资政策的协调。作为拉动经济增长"三驾马车"之一的外资，在制定利用外商投资指导目录时，加强与产业政策的协调，通过对资金、技术、人才等要素的引进发展国内相关产业，促进产业结构优化升级。同时在产业规制中，通过国民待遇进一步降低外商投资壁垒，引入外部竞争，推动国内产业结构调整。

第三节　充分发挥大数据技术作用

中国在积极融入全球产业价值链的同时也意味着跟当今动荡的世界经济和贸易形势息息相关，中国与其他国家已经成为相互依存的关系，牵一发而动全身。如何在新时期下化解产业与贸易政策冲突，继续扩大开放深化改革，是我们需要研究的重大课题。

新时期下，传统技术手段和政策分析工具已经不适应实践的需要和新的经济发展态势。而随着大数据、人工智能和计算实验等技术的进一步成熟，数字经济快速发展，如何通过该技术实现产业与贸易政策协同发展机制的提升和完善，探索中国情景下的原创性产业与贸易政策协同发展体系，使我国在产业与贸易政策协同模拟领域实现"弯道超车"，打造引领国际学术前沿的有利契机，是贯彻党中央精神的重大科学问题。

通过建立产业与贸易数据库，深入研究大数据关键技术，完善配套措施，依赖"互联网＋"、大数据技术及人工智能等关键技术建立产业与贸易"情景—应对"型冲击管理系统，模拟产业与贸易政策协同发展机制，实现事前情景预测，预先做出应对措施，为领导层决策提供数据和模型支持，帮助做出科学决策。

一、加快建立初期数据库

产业与贸易数据库的建立是建设服务型政府的重要举措，是企业决策、产业发展、政府决策及进一步扩大开放的有效途径。因此无论是政府层面还是企业层面，都应形成加快建立产业与贸易数据库的共识，通过产业和贸易数据库的建立，帮助企业或政府更好地了解各地区产业布局、产业发展、外贸进出口及产业与贸易政策的实施情况，经由对详细数据的分析，及时发现问题并有针对性地解决问题。

（1）政府要重视数据库工作，组建专门的数据库团队，将数据库建设列入日常议事工作。可由中央成立专项小组或是独立部门，并在各级地方政府分设该部门，选聘熟悉相关工作的人员，一起负责数据库的建立；要安排好数据库建设进度，中央应及时了解数据库建设工作进程，定期发布数据库进展情况；设立专项基金，在政策扶持和信息服务上对其给予支持；同时设立监督考核机制与奖惩办法，对工作突出的部门或个人进行表彰，将数据库建设纳入官员政绩考核范围，以引导相关负责人对该工作的重视。

（2）加快数据获取进度。产业与贸易初期数据库的建立最核心的问题为数据来源，由于数据具有量大、来源众多、保密性高、数据价值高等特点，初期工作开展难度较大。具体可从三个渠道着手搜集数据：一是搜集来自各大商业数据库里的公开数据，但这部分数据需要较高的整理成本；二是来自政府和海关的非公开数据，这部分数据由于受法律和相关保密协议限制，需要经过与相关政府或企业协商后，才能访问研究；三是来自于互联网开源的结构化和非结构化数据。充分运用大数据信息收集技术，从智能分析层和基础数据支撑层双管齐下，加快数据获取进度。

（3）要扩大纳入数据库的企业数量，确定重点监测样本。通过加大宣传力度、与工商局合作等方法加强与企业的沟通和联系，告知所有企业加入数据库并披露相关信息的必要性和正面性，建立联系制度，以此确保能及时获取到企业的一手信息。同时，通过签订安全协议、保密协议、排他性协议等手段，加快与相关政府和企业的协商合作，以获取非公开信息。在扩大企业数量规模的基础上，依托行业协会或专业机构，甄选出行业内重点监测企业，分别从全部企业角度和重点企业角度进行分析。

（4）要严格把关数据质量。数据质量的高低直接影响结果趋势的判断，因此需要安排专业人员对数据的真实性、完整性和一致性进行审核，与此同时还应保证收集数据的时效性和可操作性，避免虚假信息、不完全信息、滞后信息对数据质量的影响。同时在数据平台应定义一套标准化的数据规范，对数据的定义、口径、取值、格式、单位等进行规范说明，形成对数据项的具体质量要求，保证数据信息在采集、传送与处理等环节的保真性。推动大数据、云计算、物联网、移动互联网和智慧城市等技术在数据库上的应用，以信息化的高科技方法推动统计数据的质量的大幅提高，进而为后期数据分析与运作奠定基础。

二、深入研究大数据关键技术

产业和贸易大数据库建立之后，数据的集成和分析才是决定大数据的成败、实现防范和应对产业与贸易冲突所急需解决的底层关键技术。产业与贸易方面数据可能来自企业、政府、网络甚至不同国家的贸易数据，这种多源异构数据就构成了国际贸易运行及产业发展状态的关联表征，如何通过对这些数据的整合、集成、多维分析来寻找内在规律，是亟须解决的问题。具体需解决两方面问题：一是多源异构的产业与贸易数据的集成与融合技术，如何将不同数据系统集成以及如何将开源数据和内部数据融合，构建可部署在"天河二号"超算环境的大数据集成系统；二是多源异构产业与贸易数据的分析问题，包括复杂网络结构挖掘、复杂行为的表达与描述及基于多源异构数据的关联关系等，开发出基于"天河二号"超级计算平台的产业与贸易大数据分析高效算法。具体可从大数据采集、存储与管理、计算、分析与挖掘等方面着手研究。

（1）深入研究大数据采集技术。大力普及手机电子渠道、传感器收取、条形码技术等数据搜集方法，加快数据搜集的深度和广度。大数据采集过程可分为数据清洗、数据转换和数据集成三个步骤，为减少用户编程量和人工干预，首先通过检测去除收集的产业与贸易数据中明显不一致的信息和明显错误信息，达到数据清洗目的；其次设置统一异构数据标准和格式，将清洗过的产业与贸易数据按设计好的规则进行转换；最后解决"信息孤岛"问题，将所有数据集成到一起，从而提供高质量且统一数据集合。但由于原始数据本就存在大量错误、无用信息，加重了数据清洗和转换的工作量，因此要加快开发自动识别或筛选有效信息的技术。

（2）深入研究大数据存储与管理技术。由于大数据规模巨大，其数据储存和管理需要花费较高成本，且数据类型的多样性对存储设备的可用性和扩展性提出了更高要求。因此需要针对各种异构数据、音频、视频等半结构化数据和非结构数据设计存储设备，从经济学、包容性角度出发，促使存储能力赶上数据增长能力。同时数据的管理也需实现实时动态监控，改变以往常使用的单表数据存储结构的方式，推荐采用由多维表组成的按列存储的分布式实时数据管理系统，比如 Hadoop 的 HBase 及 Google 的 Big Table。

（3）深入研究大数据计算模式与系统。大数据计算模式是基于不同计算特征和数据特征的大数据，从各个大数据计算问题和需求中提炼并建立的高层抽象或模型。由于大数据计算模式多而复杂，建议使用适合海量且类型多样的混合处理技术及具有可用性和扩展性的批量计算技术，采用"分而治之"思想，将大而重的任务先分解为若干独立的子任务并发布到平台各节点执行，执行完毕后再将各节点的任务结果汇总得到最终结果，从而完成海量数据的并行运算。具体可参考 MapReduce 技术。

（4）深入研究大数据分析与挖掘系统。如何从规模巨大、变化快速、类型繁多的实时数据中搜集到价值高、质量好和可行度高的变量，是大数据分析与挖掘系统需要解决的主要问题，而云计算技术和可视化技术则是该系统的关键技术。通过对云计算技术的使用，基于分布式文件系统为大数据底层存储架构提供支持，并以快捷管理数据的方式提高数据访问速度，可以保证数据的实时性；通过可视化技术的应用，将复杂的数据处理结果直观清晰地呈现出来，以便用户能准确地从数据中得到结论。

（5）着力解决人才匮乏问题。大数据兴起时间较晚，涉及知识面广，对人才的专业能力与专业素质要求较高，目前我国无论是从事基础性数据工作的人才还是高端人才都十分匮乏，未来随着大数据的进一步发展，人才紧缺问题将更突出。可从以下两方面着手来缓解人才匮乏窘境：一是注意人才的培养与引进，培养创新型复合人才或是从国外引进优秀专业人才，进一步丰富大数据人才体系；二是重视大数据基础科学研究，通过建立科研平台，加强与其他国家在大数据方面的交流与合作，共同探讨大数据的理论与技术，同时也为人才引进搭建平台。

三、建立"情景—应对"模拟系统

当前世界经济与贸易形势瞬息万变，如果我国产业不能及时对局势变化做出反应，将面临出局的可能，尤其目前我国产业结构几乎涉及全球所有产业，一旦经济形势发生动荡，牵一发而动全身，对我国经济造成的不利影响将不可预估。在这样的形势下，预测预防才是上上策，因此通过数字化手段建立产业与贸易"情景—应对"型冲击管理系统，提前对所有可能发生的冲击事件进行演练并寻求最佳解决办法，才能确保在产业与贸易政策冲击真实发生时能及时化解。

（1）产业与贸易"情景—应对"型冲击管理系统的构建需完成三方面的基础工作：一是对全球范围内产业数据与贸易数据的采集、整理、筛选、评估、使用和推动维护的标准化、可视化，鉴于数据的低可获得性和整理的高成本，以国内数据和相关重点国家数据为主；二是冲突事件的量化和衡量，即分析以往产业和贸易政策变化对我国产生的影响的衡量；三是将产业数据、贸易数据与冲突数据在空间层面的融合，为基于"情景—应对"模式下的场景推理提供基础支撑。

（2）建立动态的多部门协调决策主体。在产业与贸易"情景—应对"冲击管理系统模拟运行的过程中，冲击在不断演变，只有采用动态的多部门联动才能适应事件的突发性和持续性发展。协同决策主体应根据冲击的不同发展阶段，基于"情景"制定相应的备选方案，动态地接受处理过程中的任务、制定执行策略、确定应对方案，同时按照事件不同阶段的处理要求进行相会交流、协调工作，为产业与贸易政策的顺利实施提供技术支持。根据我国产业与贸易政策的制定现状，应构建以产业政策制定部门（如国家发展和改革委员会、财政部、中国人民银行等）、贸易政策制定部门（如商务部、海关部、进出口银行等）及产业与贸易协调部门为主的动态多部门协调决策主体。

（3）建立基于"情景—应对"的产业与贸易决策评价指标体系。在进行决策之前，首先要确定科学合理的评价指标体系。评价指标的好坏直接关系到备选方案的精确性和可操作性，由于指标体系是由多个相互作用、相互联系的评价指标按照一定结构组成的有机整体，因此只有科学合理的评价指标体系，才能得出科学准确的预测，进而做出相应的应对措施。评价指标体系应包含各产业进出口贸易量、关税水平、生产量、价格水平、利率水平、企业成本等，根据不同的"情景"赋予指标不同的权重，选择不同的评价指标集合，以贴合市场状况，实现对国际形势变化的准确预测。

（4）形成监测和预警机制。国际产业和贸易政策变化的冲击具有传播速度快、传播范围广和危害巨大等特点，一旦发生贸易摩擦，对我国的负面影响是不可衡量的，在这样的背景下，形成监测与预警机制，对提高政府部门和我国企业的应急管理能力、维护我国市场稳定具有重要意义。基于对数据的实时监控与跟踪，创新发展产业与贸易预警模型，提升预警技术的可操作性和精确度，并拓展预警技术的应用和研究领域，及时发现国内外产业与贸易异常。完善预警信息在各部门之间的共享，形成产业部门、贸易部门、企业之间的信息快速通达制度。

（5）充分发挥大数据的决策支持作用。通过对产业与贸易大数据的分析及"情景—应对"产业冲击管理模拟系统的构建，及时列举并发现产业运行和贸易往来中可能出现的问题和争端，并对问题解决方法提出合理化建议，同时形成产业分析报告、贸易分析报告、产业损害预警报告、产业竞争力报告、贸易指导报告等分析报告，为领导层决策提供数据和模型支持，帮助其做出科学决策。

四、完善大数据技术配套措施

互联网和大数据是给人类生产能力带来巨大变革的技术，同样也是实现政府改革和高效管理的有效工具。党的十九大报告指出，要加强互联网内容建设，充分运用互联网技术和信息化手段开展政府工作，为大数据融入政府管理提供发展机遇，并推动互联网、大数据和实体经济的深度融合。尽管近年来我国相继出台各类文件，推动互联网与大数据的深度融合，如《关于积极推进"互联网＋"行动的指导意见》《促进大数据发展行动纲要》《关于加快推进"互联网＋政务服务"工作的指导意见》等，但无论是大数据技术的自身发展还是与政务服务的结合，都还处在相对落后的阶段。因此借鉴发达国家运用大数据与互联网作为技术手段推进政府治理经验，可以进一步推动政府改革深化，帮助实现高效政府的建设、协调政府。具体可从以下几方面着手建设：

（1）要加快健全制度保障体系步伐。目前我国还没有针对大数据领域形成顶层设计和统筹规划，也没有特有的大数据法律法规，配套政策规范供给不足，对此，有关部门应尽快出台大数据领域相关的法律法规，健全制度保障体系。在战略规划层面，需要整合我国已有的关于大数据规划和电子政务规划（如整合《促进大数据发展行动纲要》和信息化过程建设"十三五"规划等），进一步明确互联网与大数据技术应用于政府治理中的形式、范围、限制等。在法律法规层面，应加快对法治薄弱领域的立法进程，如网络安全、隐私保护等领域，并对技术专利、安全保密协议等法律法规落后的领域进行修订和完善。在政策规范层面，在经费支持和人力保障等方面出台专门政策对大力发展大数据所需政策进行支持，发挥法律强制性效力来解决大数据研发中遇到的各类问题，引导大数据技术向规范化、合法化发展，帮助解决大数据发展过程中出现的矛盾与争端。

（2）要构建一系列维度立体、层次丰富和协同水平高的实现机制。根据发达国家运用大数据与互联网作为技术手段推进政府治理的经验，该过程的实现需要依赖于特定的实现机制，具体包括资金保障和人才培养机制、项目试点与推广参与机制、网络监管与安全保障机制、标准化与信息共享机制、领导协调与行政推进机制等，从而推动政府治理从资金和人才保障、试点参与、安全保障、信息共享、行政领导等多个维度的实现。因此我国也应重视与互联网、大数据应用相关的机制建设，包括建立政府政策制定、职责履行、细化落实、执行监督的行政推进机制；建立党委宏观引领、整体部署、顶层设计、综合协调的领导协调机制；建立后台基础设施建设和统一电子政务平台的标准化机制，规范共享的数据开放和政府数据开放与共享机制；配备专业监管人员，设立专门监管机构，厘清部门之间、领导之间协调关系的网络监管机制；针对大数据技术的项目试点机制，以及技术在包括政府、市场、社会、个人等市场主体的推广参与机制；跨领域、跨组织、跨部门、跨层级的安全保障机制等。维度立体、层次丰富和协同水平高地构建我国应用互联网与大数据，推进政府治理的实现机制。

（3）要注意大数据隐私安全问题。在社交网络盛行的今天，人们的隐私安全受到了极大的威胁，且随着用户的增加，大数据的巨大商业价值也在无形中吸引着无数潜在攻击者，数据信息泄露问题愈发严重，给国家和人民的安全带来了极大的影响。基于此，我们应积极探索研究大数据领域的新型技术，加大力度研发大数据隐私保护技术，用来加大公民隐私权的保护力度，使个人信息在互联网环境使用中得到更安全的保护。具体包括数据发布者的匿名保护技术、用户信息隐匿技术、用户社交网络的隐匿技术、数据溯源数据追踪技术、水印技术等，从而保证信息安全，巩固国家安全保障体系；同时对政府和企业收集个人信息的行为做出严格控制，既有效保护信息安全，又维护社会公众对政府的信任。

（4）加快建立"互联网＋大数据＋政务"公共信息服务平台。当前，我国在政府数据开放平台的建立维护上与发达国家相比还比较落后，还没有能在国家层面统筹形成统一的政府数据开放平台，尽管也有少数地方层面的政府数据开放平台已经建成，但都面临水平参差不齐、数据局限性较大的困境，"互联网＋大数据＋政务"技术平台的当前建设状况与我国政府的治理需求不相匹配。因此应加快建立和完善"互联网＋大数据＋政务"公共信息服务平台，实现产业与贸易安全信息的发布，通过微信小程序、App、官网链接等方式与企业进行对接，形成产业政策制定部门、贸易政策制定部门、产业与贸易政策协调部门、企业之间的信息共享，将数据预测结果、预警事项和决策结果及时反馈到各部门和企业，积极引导企业和市场做出正确反应，规避可能出现的风险，为产业平稳健康发展及扩大开放、深化改革创造良好的市场环境。

第四节　三大产业应对各国产业与贸易政策变化的措施

当前，国内外的经济发展环境正发生着深刻且快速的变化。在国际环境方面，全球化生产方式变革不断加快，围绕市场、资源等方面的竞争更趋激烈，贸易摩擦事件频繁发生，出现"逆全球化"倾向。国内环境方面，我国既处于全面建成小康社会的决胜时期，又处于深化经济、机构等多方面改革的关键时期，资本、技术、劳动力等各类要素市场逐步健全，我国开放型经济体系正处于不断完善的过程，对外经济合作广度和技术交流合作深度也在逐步扩大。但是社会主义市场经济体制仍不够完善，经济增长的内生动力还不足，粗放型的经济增长模式已难以为继，必须以转型升级促进经济发展，健全与科学发展要求相适应的体制机制。

在国际产业与贸易政策环境和国内产业转型升级需求的双重压力下，我国唯有继续推动"产业与贸易政策协调发展"的策略，扩大开放深化改革，加快融入全球产业价值链步伐，在全球内配置资源，削弱国际产业与贸易政策变化对中国产业的影响。本节将分别阐述三大产业的应对措施。

一、农业应对措施

自 2018 年 3 月以来，中美贸易摩擦不断升级，在这场贸易战中，美国多次联合其他国家对中国发起贸易制裁，我国虽采取了包括对大豆等农产品加征关税的回击措施，却仍避免不了农业产业安全面临的深层次困境：困境一是我国作为最大农产品进口国并没有国际农产品定价权，反而严重依赖进口国家，具有贸易依赖和"大国效应"，陷入了"贸易困境"；二是我国农产品生产成本居高不下导致价格高于国际农产品价格，两者形成"倒挂"与"价格困境"；三是我国农业补贴政策受政府涉农财政有限、农户经营规模较小无法形成补贴的规模效应、WTO 规则的制约，补贴水平不高、效果不佳，面临着"补贴困境"；四是在经济全球化趋势下减小关税融入世界经济的意愿与贸易摩擦下加收关税之间的矛盾，使我国陷入了"全球化困境"。作为经济全球化的坚定追随者和捍卫者，面对美国贸易保护主义行径，我国仍需坚持融入世界经济不动摇，并通过更深层次地将我国农业产业参与到农业资源全球配置来实现。基于此，我们首先需要保证口粮生产自给自足，将稀缺的农业资源集中满足于人民主粮生产；同时逐步建立和完善农田休耕制度，确保资源可持续发展；然后加强与周边国家战略合作，推动农业资源的全球化配置；最后着重增强农业综合实力，把控国际农产品定价权，培育本国农业综合企业。具体应对措施如下：

（1）要保证口粮生产自给自足。根据比较优势理论，我国农业资源匮乏，为避免生产效率损失，应通过进口粮食融入国际分工，近年来我国的粮食进口量也确实在不断攀升。但随着国际局势动荡，贸易保护主义、贸易战频发，我们需要以国家总体安全为指引推动农业改革，坚持立足国内、适度进口原则，确保国内谷物生产能够满足人民的基本需求，把饭碗牢牢端在自己手里。为此应推动农业改革发展，聚焦薄弱环节，精准施策发力，将产业政策适当向谷物生产偏斜，逐步把有限的农业资源集中于稻米、小麦等谷物生产上，早日实现谷物基本供给目标。从人口数和粮食需求数角度出发，继续坚守18亿亩耕地数量和质量红线，保证口粮绝对安全；加大农产品尤其是主粮作物在病虫防害、增产增量、抗旱抗灾等方面的农业生物技术研究，着力突破一批共性关键技术；划定永久基本农田，建立集中连片、高产高效、旱涝保收、环境友好的高标准农田，探索建立粮食生产核心区和功能区。为保证农民种植农产品的积极性，有针对地增加农业支持政策力度，提高资金使用的有效性。

（2）要提高农业可持续发展能力。在保证口粮生产自给自足的情况下，需要加强对耕地的生态保护和休养生息计划，避免因耕地过度使用带来土壤肥力不足的问题，减少土壤对化肥和其他化学制药的依赖性，也降低土壤沙化、盐碱化、水体流失的可能性，提高农业可持续发展能力。为此可推行休耕政策，制定详细规划，对符合条件的地区采取轮作休耕政策、农田全年休耕或季节性休耕；为防止农户私自种植，可对休耕地区配以休耕补贴，或以休耕后的耕地管护补贴名义要求农户合理保护休耕地。重视由农村空心化、老龄化带来的抛荒弃耕问题，可引入社会资本对休耕地进行修护与管理，通过集中耕作获得良好的经济效益与环境效益。目前，我国已开展轮作休耕的试点，2018 年新增了 584 万亩试点，迄今为止，全国休耕轮作试点已达 1 200 万亩，耕地保护的步伐加快。

（3）深化与其他国家的战略合作，推动农业资源的全球化配置。由于我国人口众多，且随着经济发展，居民对粮食的需求进一步增加，而我国在农业资源方面缺乏比较优势，仅依靠本国生产不仅不能满足日渐旺盛的农产品需求，也是对生产效率的浪费，因此在保证主粮自给自足的前提下，其他农产品还需要依靠全球农业资源配置。"一带一路"建设恰好为我国农业资源参与全球配置提供了机遇，可通过深化与沿线国家的农业战略合作，充分利用中亚地区面积广阔的耕地、东南亚地区的丰富物产、南亚地区的廉价劳动力及西亚地区的富余农产品，通过多种合作方式补齐我国农业短板。具体方式包括：一是通过对外直接投资，中资企业直接在东道国购买和租赁土地，实行"海外屯田"；二是通过入股、并购等方式与当地优质的农业企业合作；三是通过进入农资市场，介入东道国产业链上游；四是进入农产品销售市场，帮助拓宽中国市场销售渠道；五是注重农业生物科技研发合作，加强与跨国农业企业、国际合作组织的交流合作，分享研究成果。以上的各类合作，都可以借助"大国崛起"的背景，利用其他方面的合作来换取农业利益。

（4）增强农业综合实力，把控国际农产品定价权。尽管我国是世界第一大农产品进口国，但这一地位并没有赋予我们相应的农产品定价权，反而因"大国效应"深陷贸易困境，导致经常出现"贵买贱卖"现象，即当我国大量进口某一农产品时，该农产品价格大涨，而当我国出口农产品时则价格下跌。解决这一困境的本质在于本国农业综合能力的提升，像美国一样掌握国际农产品定价权，并拥有一批在国际农产品市场上有影响力的大型综合农业企业，比如美国的路易达孚、嘉吉等。基于此，应深化农业改革扩大开放战略，降低农业企业生产性补贴，代之以效率性、研发型补贴；通过完善生产要素市场改革、逐步放开市场管制、完善市场准入和市场监管等配套措施，引入竞争机制，提升农业综合企业的存活能力和自生能力；同时鼓励有优势有实力的农业企业进行海外投资，在全球范围内进行产业链延伸，提升其在国际农产品市场的影响力；逐步开放资本市场，为涉农资本构建交易平台，引导资本向农业流动，推动建立具有国际影响力的农产品现货和期货交易中心。

以我国大豆产业为例，作为对中美贸易战的反击，我国对大豆进口加征关税，导致国内厂商停止采购美国大豆，进口需求受阻，国内供应大大降低，鉴于此，我国有必要多措并举实现大豆供需再平衡。首先通过高价格抑制需求，由于豆粕具有较大需求弹性，提高豆粕价格将造成豆粕需求量的下降；第二，扩展其他国家或地区大豆进口渠道，比如全球最大大豆出口国巴西及北半球生产国俄罗斯、乌克兰、加拿大等，以此满足阶段性供应紧张的问题；第三，寻找豆粕替代品，调整油料油脂的进出口整体体系，比如适度放开豆粕进口国家的限制，降低对印度、老挝、韩国、孟加拉等国家大豆进口关税，提高大豆出口关税，增加菜籽、葵花粕、菜籽粕等替代品的进口量；第四，适时投放国家政策性大豆储备，增加市场供应——在当前，国内大豆临时储存和一次性储备都比较充裕，可通过适时向市场投发，降低供应压力；另外，可通过降低小麦、稻谷等粮食拍卖价格替代豆粕需求。

二、制造业应对措施

制造业是改革开放以来中国经济快速发展的源泉之一，是中国参与世界贸易竞争的优势产业，也是贸易顺差的主要功臣，更是国民经济的主体。而美国对中国发动的贸易战的核心目标其实是重振美国制造业，为本国制造业创造良好的发展环境，推动美国制造业回流，完善制造业生态。因此归根究底，在这场贸易战中，美国的主要目标是中国的制造业，甚至可能联合其他国家一起对中国发动贸易战。从美国对华征收的关税清单来看，征收 25% 的关税将导致中国对美国的出口下降 20%～30%，约占中国 GDP 的 1%，在给中国经济带来巨大影响的同时，也阻碍了中国制造业的全球化进程。因此，必须系统部署并采取针对性措施，降低贸易摩擦对制造业的负面影响，继续将做大做强制造业作为国家经济发展的战略重点，推动"中国制造 2025"的实现。

（1）深化国内改革，营造良好的产业发展环境。贸易摩擦对我国高端制造业和民营企业的冲击较大，前者属于资本和技术密集型，需要资本的投入，后者存在融资难问题。基于此，我们应加快推动要素市场体制改革，开放资本市场，推动金融资本向高端制造业和民营企业开放；完善信用体系，通过给中小企业增信解决其融资难问题；为降低企业融资成本，鼓励银行、基金等资产管理机构设立小微企业专营服务，量身打造相关融资产品；同时加大金融监管力度，防控系统性金融危机，减少对制造业企业的买方垄断，推动共享经济、平台经济规制在秩序、安全、垄断等方面取得突破；加快打开制造业市场渠道，减少产业链后端对制造业的侵蚀；营造公平竞争的制造业发展环境，取消或清理不必要的生产和服务许可证，加快实施市场准入负面清单管理制度。

（2）维护现行国际贸易规则，进一步拓展市场空间。中国经济的飞速发展得益于全球化及开放政策，因此中国应坚定全球化不动摇，维护现行国际贸易规则，进一步推动区域经济一体化和贸易便利化，反对贸易保护主义并利用世界贸易组织平台解决贸易争端；通过与欧盟、英国等国家和地区签订双边或多边贸易协议的方式，深化与他们的贸易交流和文化融合，防止美国与其联盟推行贸易保护；另外，设法开辟其他国外市场，如与"一带一路"沿线国家及东欧国家签订战略合作协议及国家间自贸协定，为中国制造业拓展更广泛的市场空间。

（3）重视国内市场的开拓。伴随着中国经济的快速发展，居民收入水平和消费能力得到了大幅提高，国内市场潜力巨大。在外国纷纷看中中国市场的同时，中国本土企业也不该错过这块嘴边的大蛋糕。应紧跟中国消费趋势和人口趋势，研发满足国内需求的产品，引领国际潮流。比如二胎政策的放开，玩具制造商可根据消费者的偏好、收入对玩具市场进行细分，在生产中低端产品的同时也加大对新型高端科技益智类玩具市场的开发；伴随人口老龄化趋势，可增加老年用品的供给，研发能满足新一代高收入的退休老年人需求产品。

（4）优化实体经济经营环境，提高制造业投资效益。针对特朗普重振美国制造业、吸引制造业回流的目标，中国需要在优化实体经济经营环境上花费心思，防止制造业的美资甚至外资企业向海外转移，并且吸引本国和外国投资，避免出现产业空心化和大范围失业现象。为此可以从四个方面着手降低企业经营成本和进入壁垒：一是通过企业税改革，降低企业生产经营的税费负担，比如适当调低"五险一金"缴费率，由国家财政补足降低部分；取消和清理对企业的不合理收费信息，公开收费标准和细则，打造公开透明的税赋环境。二是收缩政府职能，降低企业制度性交易成本，在为企业提供减税优惠降费的基础上，增强金融资源配置能力，提高金融管理机构的服务质量和管理水平，降低制造业融资门槛，节省企业财务成本。三是加快国有企业改革步伐，向民间资本开放银行、石油、电力等垄断性行业和领域，推动民营企业快速发展。四是在税制上给予内流和外流的民营资本差别对待，对民间资本外流实施增税政策，而对在国内经营的民营资本实行减税，借由税收差来留住民间资本在本国的投资。

（5）理性回击贸易摩擦，谨防误伤国内制造业。自2018年3月中美贸易战以来，中国出于"以战止战"考量，已开始对美国发动回击，不排除未来加剧与美国或更多国家之间的贸易摩擦的可能性。战争的可怕之处在于劳民伤财，而在贸易战中，只会存在"伤敌一千自损八百"的局面。因此在回击过程中，应保持理性，尽量降低对我国制造业企业的影响。一是要控制好反击范围，不宜将怒火转移到在华美资企业，应保护美资企业的合法权益，防范这类企业的回流或转移；二是控制反击力度，应基于"以战止战"的目标制止争端而非挑起争端，追求开放共赢、和平发展之路，有理、有利、有节地反击，切忌将贸易摩擦带入贸易脱钩甚至是经济冷战；三是仔细斟酌对美加征关税的清单名录，避免由于原材料价格的提高导致制造业生产成本的提高，同时对美高端制造业加征关税时也要保持谨慎，以免错失引进和学习外国先进经验技术的机会，抑制中国高端制造业的发展。

以钢铁行业为例，钢铁行业作为我国产生外贸摩擦的主要领域之一，2016年钢铁贸易救济案件数比例和涉案金额比例分别达到41%和55%，在美国钢铁贸易保护措施的打击下，我国对美出口钢铁量大幅下降。对此，中国可从对外和对内两个角度进一步应对贸易战：对外策略上，需加强磋商和对话机制，从高层层面上加强两国经贸互信交流，推动两国钢铁产业的深度合作；推动在各世贸组织与双边、多边自由贸易的协定谈判中建立可以深入讨论钢铁贸易问题的专门机制；充分利用"中美产业和竞争力对话""中美战略与经济对话"等谈判机会。在推进友好合作的同时，要做好应对贸易摩擦的万全准备，充分利用WTO裁决机制对美国的制约作用，通过对美国贸易政策的紧密跟踪和情景模拟，研究应对策略，加强摩擦准备工作。对内策略上，需化压力为动力，从供给侧结构性改革入手，推动钢铁行业转型升级。加大钢铁行业去产能力度，坚决把不符合质量、环保、安全等标准的产能清除并依法退出，改变传统财政扶持方式，尝试推行产业投资基金等新型金融投资方式；加快向钢铁产业高端领域延伸，进一步做强中国钢铁，实现电力装备、先进轨道交通、海洋工程、造船、汽车等进口用钢领域的产业突破，支持国家技术创新示范钢铁企业，分重点、分步骤地实现关键共性技术产业化创新，实现钢铁企业的由大变强。

三、服务业应对措施

促进服务产业政策和服务贸易政策的协调，是十八大报告中提出的"强化贸易政策和产业政策的协调"的关键。随着中国经济发展，服务业对国民经济的支撑作用凸显，如何进一步对服务业深化改革、扩大开放、培育贸易竞争优势，是中国当前面临国内外双重压力下的重大课题之一。在新的国际贸易环境下，贸易保护主义、贸易战频发，应尤其注意服务贸易与服务产业政策的协调发展对产业结构与贸易结构转型、经济体制改革的重要意义。

要达到服务贸易与服务产业政策的协调效果，首先要从前期战略规划、政策形成、政策实施等方面落实服务贸易和产业发展的协调机制：

（1）在战略理念层面上，需要贯彻服务产业和服务贸易的不可分割性，两者融为一体才能促进经济的高度开放；在组织机构层面，必须加强服务贸易和服务产业相关部门的沟通协作，即加强商务部与行业主管部门的沟通、协调与合作。由于政策的实施效果主要依托相应的行业主管部门，因此应尤其重视对组织机构关系的协调。随着部门的融合，与之对应的行业促进机构和中介组织（行业协会）的职能也应相互渗透，打破明显的组织界限。在政策制定层面，贸易政策与产业政策应互为考量。一方面，在制定服务贸易政策时，要注意与服务产业政策的联动融合，根据产业发展指导目录中的产业布局，制定相关进出口指导目录及外资引进目录。另一方面，在拟定服务产业政策时，也应充分把握服务贸易政策工具等资源，提高服务产业的国际发展水平。基于此，建议加快发展国家层面上的服务贸易和服务产业协调机制，加快两者在顶层设计上的改革。

（2）进一步深化服务业国内改革，加快市场化进程，破除开放的制度壁垒。推动服务产业市场化和国际化的本质是减少政府干预，依靠市场"看不见的手"进行自主调节。这要求开放国内外服务市场渠道，通过扩大开放深化改革，引进国外服务先进理念、技术、标准及服务提供者，借由国内外服务行业的良性竞争唤起国内企业的危机意识，从而提高国内服务业水平，增强其国际竞争力。而吸引国外服务提供者的前提是中国国内规制体系的完善。开放的国内规制体系首先要消除服务业开放壁垒，根据签署的各类国际协定及世界贸易组织的承诺，梳理相关开放服务行业的法律法规，将禁止或限制开放的条款及时废止，并根据国际情势增添新条款，同时简化和规范服务业准入和审批流程，废除部门各类设置或变相设置前置审批事项，增强相关程序和法规的透明度。

（3）加快服务业市场对民营资本的开放步伐。推动服务业市场化不仅仅是向外资开放，其对内也应开放民营资本进入渠道，打破外资和内资同时进入国内服务业的限制，逐步放宽甚至取消对民营企业进入服务业的限制。在开放促改革的过程中，民营资本的进入相对国有资本更具创造力与活力，更能在激烈的市场竞争中保持灵活性。因此应进一步放宽基础性服务业的准入限制，建立公开透明、平等规范的准入标准，允许并鼓励各类资本的进入，凡是我国法律条例中没有明文禁止进入的服务领域，都可以开放社会资本进入渠道，在资格核准、政策支持力度及技术合作方面同等对待各类投资主体。在打破国别限制的同时，还应打破地域限制，打破非本地企业进入壁垒，逐步建立竞争有序、全国统一的开放性服务业市场。

（4）加强服务出口与国内产业的联动，出口优势服务，提升中国服务产业国际化水平。一方面，出口的服务业依托国内产业基础，服务业出口能力的提高需要完善的出口促进体系；另一方面，服务产业政策的制定也需关注国际市场的发展现状和发展趋势，吸取优秀服务提供者、服务出口发达国家的成熟经验。因此要增强国内产业与服务出口之间的协调互动。以贸易壁垒中的"技术壁垒"为例，必须达到一定技术标准才能进入国际市场，这就要求产业政策制定者及时关注对应技术标准，出台以研发费用、专利数等衡量创新的因素为主的出口企业补贴政策，引导国内服务企业进行创新，提高产品附加值和品牌知名度，进一步提高中国服务产业的国际化水平，推进中国服务产业和服务贸易的互动发展和协调发展。

（5）加大对服务业"走出去"的支持力度。服务业开放的关键是培育服务企业出口竞争力，而衡量服务业竞争力的一个重要指标就是服务出口。面临形式多样的贸易保护主义，如何支持有条件有优势的服务企业走出国门、扭转服务贸易逆差，是当前服务业面临的重大难题。通过与服务产业政策协调，开放市场引入竞争机制，吸引先进的技术、人才要素，增强国内服务企业的创新能力和开拓国际市场的能力，逐步形成具有国际竞争力的服务提供商，并通过产业政策倾斜为其扩大服务出口、拓展国际市场创造条件。同时紧跟国家重大战略方向，加快与"一带一路"沿线国家签署自由贸易协定或服务业开放协议，发挥中国与这些国家服务业合作的互补性，抢先布局与中国有战略意义的国家，拓展中国服务企业"走出去"的国际市场份额。

以通信产业为例，美国近期对中国通信产业采取的一系列征收关税及禁止政府购买的行动，已打响了知识产权的战争。其对中国的光棒、光缆、光纤、光模块及专网通信领域增加关税，并对华为与中兴等施行禁令。在这样的情形下，我国仍需继续坚定不移地走自主创新、和平开放之路，除通过国际仲裁维护自己的权益之外，也应紧跟国家战略布局，在"一带一路"背景下，进一步加强通信服务的基础设施建设，提高通信服务的国际竞争力，为通信企业"走出去"奠定基础。通过对沿线国家的通信设施进行投资，以跨国合作、兼并等方式积极主动地深入东道国市场，加深国际合作，提高服务范围和服务质量，打开国际市场，推动通信行业的全球化进程。同时注重人才的培养、引进和技术创新，不断培育自己的核心竞争力。加大通信产业支持力度，在财政政策上给予适当倾斜，开放民营资本投资渠道，尝试产业基金等新型金融投资方式，引入市场竞争机制，推动通信行业生产要素流动，真正鼓励通信行业"走出去"。

参考文献

［1］ ANTRÀS P , CHOR D. Organizing the global value chain. Econometrica, 2013, 81 (6).

［2］ AUTOR D H, HANDEL M J. Putting tasks to the test: human capital, job tasks, and wages. Journal of labor economics, 2013, 31 (1).

［3］ BEZDEK R H. Environment and economy. Environment: science and policy for sustainable development, 1993, 35 (7).

［4］ FARLA K. Industrial Policy for Growth. Merit working papers, 2012, 39 (3).

［5］ FUNG K C, SIU A. Service trade liberalization: some political economy considerations. Proceedings of SPIE – the international society for optical engineering, 2007, 7440 (2).

［6］ LETCHUMANAN R, KODAMA F. Reconciling the conflict between the pollution – haven' hypothesis and an emerging trajectory of international technology transfer. Research policy, 2000, 29 (1).

［7］ LIANG F H. Does foreign direct investment harm the host country's environment? Evidence from China. SSRN working papers, 2008.

［8］ LALL S. Social capital and industrial transformation. QEH working papers, 2002.

［9］ LAWRENCE R Z. International organizations: the challenge of aligning mission, means and legitimacy. World economy, 2010, 31 (11).

［10］ LI L, DUNFORD M, YEUNG G. International trade and industrial dynamics: geographical and structural dimensions of Chinese and sino – eu merchandise trade. Applied geography, 2012, 32 (1).

［11］ MORGENSTERN R D, PIZER W A, SHIH J S. Jobs versus the environment: an industry – level perspective. Journal of environmental Economics and Management, 2002, 43 (3).

［12］ ROCK M T, ANGEL D P. Industrial transformation in the developing world. Oxford University Press on Demand, 2005.

［13］ YAN J S, WANG R S, JIANG J S, et al. Eco – system engineering for industrial transformation, Rural eco – environment, 2003.

［14］ ROBERTS M J, TYBOUT J R. The decision to export in Colombia: an empirical model of entry with sunk costs. American economic review, 1997.

［15］ SCITOVSZKY T D. A reconsideration of the theory of tariffs. Review of economic studies, 1942, 9 (2).

［16］ TONG J, LIU W, XUE J. Environmental regulation, factor input structure and industrial transformation. Economic research journal, 2016, 7.

［17］WISSEMA W，DELLINK R. AGE analysis of the impact of a carbon energy tax on the irish economy. Ecological economics，2007，61（4）.

［18］YILMAZ H. Offshorability along the value Chain：a task-based approach. Modelling value，Physica－Verlag HD，2012.

［19］安同良、周绍东：《R&D 补贴对中国企业自主创新的激励效应》，《经济研究》2009 年第 9 期。

［20］白俊红、蒋伏心：《协同创新、空间关联与区域创新绩效》，《经济研究》2015 年第 7 期。

［21］鲍晓华：《反倾销措施的贸易救济效果评估》，《经济研究》2007 年第 2 期。

［22］陈启斐、唐保庆、张为付：《服务外包对我国就业市场的双重偏向效应研究——基于门槛回归的实证分析》，《国际贸易问题》2016 年第 10 期。

［23］陈龙江、温思美：《经济复苏下的国际贸易保护措施新趋势及中国的对策》，《世界经济研究》2011 年第 7 期。

［24］程惠芳、梁越：《贸易政策变动与异质性企业生产率——基于我国制造业企业数据的实证研究》，《国际贸易问题》2014 年第 7 期。

［25］邓柏盛、宋德勇：《我国对外贸易、FDI 与环境污染之间关系的研究：1995—2005》，《国际贸易问题》2008 年第 4 期。

［26］戴翔、刘梦、任志成：《劳动力演化如何影响中国工业发展：转移还是转型》，《中国工业经济》2016 年第 9 期。

［27］范子英、田彬彬：《出口退税政策与中国加工贸易的发展》，《世界经济》2014 年第 4 期。

［28］江飞涛、耿强、吕大国等：《地区竞争、体制扭曲与产能过剩的形成机理》，《中国工业经济》2012 年第 6 期。

［29］冯宗宪、向洪金：《欧美对华反倾销措施的贸易效应：理论与经验研究》，《世界经济》2013 年第 3 期。

［30］胡昭玲、杜威剑：《贸易政策选择的影响因素——基于民主化程度与政府执行效率的分析》，《国际贸易问题》2014 年第 7 期。

［31］黄群慧：《论中国工业的供给侧结构性改革》，《中国工业经济》2016 年第 9 期。

［32］黄庆波、范厚明：《对外贸易、经济增长与产业结构升级——基于中国、印度和亚洲"四小龙"的实证检验》，《国际贸易问题》2010 年第 2 期。

［33］韩国高、高铁梅、王立国等：《中国制造业产能过剩的测度、波动及成因研究》，《经济研究》2011 年第 12 期。

［34］何枫、祝丽云、马栋栋等：《中国钢铁企业绿色技术效率研究》，《中国工业经济》2010 年第 9 期。

［35］霍建国：《新形势下对外贸易地位与作用的再思考》，《国际贸易》2013 年第 4 期。

［36］金京、戴翔、张二震：《全球要素分工背景下的中国产业转型升级》，《中国工业经济》2013 年第 11 期。

［37］金碚：《工业的使命和价值——中国产业转型升级的理论逻辑》，《中国工业经济》2014 年第 9 期。

［38］林毅夫：《潮涌现象与发展中国家宏观经济理论的重新构建》，《经济研究》2012 年第 7 期。

［39］李钢：《强化贸易政策和产业政策协调若干问题研究》，《国际贸易》2013 年第 3 期。

［40］李宏艳、蒋冬英：《我国加工贸易发展的新特点及对策》，《经济纵横》2012 年第 6 期。

［41］李平、姜丽：《贸易自由化、中间品进口与中国技术创新——1998—2012 年省级面板数据的实证研究》，《国际贸易问题》2015 年第 7 期。

［42］李昕、徐滇庆：《中国外贸依存度和失衡度的重新估算——全球生产链中的增加值贸易》，《中国社会科学》2013 年第 1 期。

［43］黎文靖、李耀淘：《产业政策激励了公司投资吗》，《中国工业经济》2014 年第 5 期。

［44］李文军：《经济新常态下加快产业转型升级的路径》，《经济纵横》2015 年第 8 期。

［45］李昕：《中美贸易摩擦——基于 GTAP 可计算一般均衡模型分析》，《国际贸易问题》2012 年第 11 期。

［46］李杨、黄艳希、谷玮：《全球价值链视角下的中国产业供需匹配与升级研究》，《数量经济技术经济研究》2017 年第 4 期。

［47］林毅夫、李永军：《比较优势、竞争优势与发展中国家的经济发展》，《管理世界》2003 年第 7 期。

［48］宋凌云、王贤彬：《重点产业政策、资源重置与产业生产率》，《管理世界》2013 年第 12 期。

［49］冷艳丽、冼国明、杜思正：《外商直接投资与雾霾污染——基于中国省际面板数据的实证分析》，《国际贸易问题》2015 年第 12 期。

［50］李钢：《强化贸易政策和产业政策协调若干问题研究》，《国际贸易》2013 年第 3 期。

［51］刘英基：《我国高技术产业低端锁定问题及解决对策》，《经济纵横》2013 年第 10 期。

［52］刘渝琳、温怀德：《经济增长下的 FDI、环境污染损失与人力资本》，《世界经济研究》2007 年第 11 期。

［53］林毅夫、向为、余淼杰：《区域型产业政策与企业生产率》，《经济学》（季刊）2018 年第 2 期。

［54］陆国庆、王舟、张春宇：《中国战略性新兴产业政府创新补贴的绩效研究》，《经济研究》2014 年第 7 期。

［55］马捷、周纪冬：《不完全竞争、非对称信息下的最优进口贸易政策和产业政策》，《经济研究》2001 年第 7 期。

［56］毛其淋、许家云：《中国企业对外直接投资是否促进了企业创新》，《世界经济》2014 年第 8 期。

［57］倪中新、卢星、薛文骏：《"一带一路"战略能够化解我国过剩的钢铁产能吗——基于时变参数向量自回归模型平均的预测》，《国际贸易问题》2016 年第 3 期。

［58］潘宏亮：《创新驱动引领产业转型升级的路径与对策》，《经济纵横》2015 年第 7 期，第 40－43 页。

［59］裴长洪：《中国贸易政策调整与出口结构变化分析：2006—2008》，《经济研究》2009 年第 4 期。

［60］邱斌、叶龙凤、孙少勤：《参与全球生产网络对我国制造业价值链提升影响的实证研究——基于出口复杂度的分析》，《中国工业经济》2012 年第 1 期。

［61］佟家栋、谢丹阳、包群等：《"逆全球化"与实体经济转型升级笔谈》，《中国工业经济》2017 年第 6 期。

［62］唐宜红、符大海：《经济全球化变局、经贸规则重构与中国对策——"全球贸易治理与中国角色"圆桌论坛综述》，《经济研究》2015 年第 5 期。

［63］佟家栋、李胜旗：《贸易政策不确定性对出口企业产品创新的影响研究》，《国际贸易问题》2015 年第 6 期。

［64］王海燕、滕建州、颜蒙：《强化我国对外产业与贸易政策协调的研究》，《经济纵横》2014 年第 12 期。

［65］王小梅、秦学志、尚勤：《金融危机以来贸易保护主义对中国出口的影响》，《数量经济技术经济研究》2014 年第 5 期。

［66］王孝松、施炳展、谢申祥等：《贸易壁垒如何影响了中国的出口边际？——以反倾销为例的经验研究》，《经济研究》2014 年第 11 期。

［67］王孝松：《反倾销对中国出口的抑制效应探究贸易》，《世界经济》2015 年第 3 期。

［68］王文甫、明娟、岳超云：《企业规模、地方政府干预与产能过剩》，《管理世界》2014 年第 10 期。

［69］王涛生：《中国出口竞争新优势的测度与分析》，《管理世界》2013 年第 2 期。

［70］孙早、席建成：《中国式产业政策的实施效果：产业升级还是短期经济增长》，《中国工业经济》2016 年第 7 期。

［71］徐康宁、韩剑：《中国钢铁产业的集中度、布局与结构优化研究——兼评 2005 年钢铁产业发展政策》，《中国工业经济》2016 年第 2 期。

［72］史宇鹏、顾全林：《知识产权保护、异质性企业与创新：来自中国制造业的证据》，《金融研究》2013 年第 8 期。

［73］唐清泉：《政府补贴动机及其效果的实证研究——来自中国上市公司的经验证据》，《金融研究》2007 年第 6 期。

［74］夏友富：《外商投资中国污染密集产业现状、后果及其对策研究》，《管理世界》1999 年第 3 期。

［75］项本武：《中国对外直接投资的贸易效应研究——基于 Panel Data 的地区差异检

验》，《统计与决策》2007 年第 24 期。

［76］肖慧敏、刘辉煌：《中国对外直接投资提升了企业效率吗》，《财贸经济》2014 年第 5 期。

［77］谢申祥、王祯、胡凯：《部分私营化国有企业中的外资份额、贸易政策与污染物排放》，《世界经济》2015 年第 6 期。

［78］邢斐、何欢浪：《贸易自由化、纵向关联市场与战略性环境政策——环境税对发展绿色贸易的意义》，《经济研究》2011 年第 5 期。

［79］徐现祥、王贤彬：《任命制下的官员经济增长行为》，《经济学》（季刊）2010 年第 9 期。

［80］谢申祥、石慧敏、张铭心：《谈判势力与战略性贸易政策》，《世界经济》2016 年第 7 期。

［81］许家云、毛其淋、胡鞍钢：《中间品进口与企业出口产品质量升级：基于中国证据的研究》，《世界经济》2017 年第 3 期。

［82］许和连、邓玉萍：《外商直接投资导致了中国的环境污吗？——基于中国省际面板数据的空间计量研究》，《管理世界》2012 年第 2 期。

［83］计志英、毛杰、赖小锋：《FDI 规模对我国环境污染的影响效应研究——基于 30 个省级面板数据模型的实证检验》，《世界经济研究》2015 年第 3 期。

［84］薛继亮：《技术选择与产业结构转型升级》，《产业经济研究》2013 年第 6 期。

［85］薛继亮：《资源依赖、混合所有制和资源型产业转型》，《产业经济研究》2015 年第 3 期。

［86］杨继生、徐娟、吴相俊：《经济增长与环境和社会健康成本》，《经济研究》2013 年第 12 期。

［87］杨振：《激励扭曲视角下的产能过剩形成机制及其治理研究》，《经济学家》2013 年第 10 期。

［88］杨振兵：《对外直接投资、市场分割与产能过剩治理》，《国际贸易问题》2015 年第 11 期。

［89］余东华、吕逸楠：《政府不当干预与战略性新兴产业产能过剩——以中国光伏产业为例》，《中国工业经济》2015 年第 10 期。

［90］余明桂：《政治联系、寻租与地方政府财政补贴有效性》，《经济研究》2010 年第 3 期。

［91］杨洋、魏江、罗来军：《谁在利用政府补贴进行创新——所有制和要素市场扭曲的联合调节效应》，《管理世界》2015 年第 1 期。

［92］袁东、廖博：《当前我国产能过剩的特征、风险及对策研究——基于实地调研及微观数据的分析》，《管理世界》2015 年第 4 期。